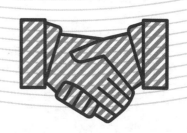

人力资源管理实务

乔祯 ■ 主编

郑凤 李帅 刘娜欣 ■ 副主编

清华大学出版社
北京

内容简介

本书是一本关于人力资源管理岗位应掌握的知识和技能的活页式教材，其内容包括人力资源管理与规划基础知识、工作分析、员工招聘、员工培训、职业生涯管理、绩效管理、薪酬管理、员工激励、综合实训练习等九个学习模块，共设计了十八个工作任务。为了便于学生理解和掌握所学知识及技能，拓宽学生的知识视野，教材每个任务下设案例引入、知识链接、任务演练、活页笔记四个部分。

全书既侧重个人岗位技能训练和素质培养，又注重团队协作能力养成。教学过程的实施体现相应职业工作过程。本书既可以作为高职高专管理类专业教材，也可以作为各类企事业组织管理者及人力资源管理工作人员的培训教材。

本书封面贴有清华大学出版社防伪标签，无标签者不得销售。
版权所有，侵权必究。举报：010-62782989，beiqinquan@tup.tsinghua.edu.cn。

图书在版编目（CIP）数据

人力资源管理实务 / 乔祯主编． -- 北京：清华大学出版社，2024.6． -- ISBN 978-7-302-66550-2

Ⅰ．F243

中国国家版本馆 CIP 数据核字第 2024TT6051 号

责任编辑：杜　晓　鲜岱洲
封面设计：曹　来
责任校对：袁　芳
责任印制：曹婉颖

出版发行：清华大学出版社
网　　址：https://www.tup.com.cn，https://www.wqxuetang.com
地　　址：北京清华大学学研大厦 A 座
邮　　编：100084
社 总 机：010-83470000
邮　　购：010-62786544
投稿与读者服务：010-62776969, c-service@tup.tsinghua.edu.cn
质量反馈：010-62772015, zhiliang@tup.tsinghua.edu.cn
课件下载：https://www.tup.com.cn, 010-83470410

印 装 者：三河市铭诚印务有限公司
经　　销：全国新华书店
开　　本：185mm×260mm　　　印　张：13　　　字　数：299 千字
版　　次：2024 年 6 月第 1 版　　　印　次：2024 年 6 月第 1 次印刷
定　　价：49.80 元

产品编号：106203-01

前　言

一、本书的编写背景

互联网、云计算、大数据等新型技术驱动的新商业模式正在兴起，与此相适应，管理类人才的教学理念、培养目标、培养方式、教学内容、教学方法等都需要进行优化和创新。

新时期人才培养需遵循学生的认知规律，以学生为中心，以学习成果为导向，注重学生综合素质的培养；充分利用信息化教学手段，探索教与学的新范式，采用情景式、协作式、体验式、探究式学习激发学生的创造力，注重培养学生的批判性思维、表达与思考能力、终身学习能力，使之既适合行业需要，又适应社会快速发展需要。同时，教师的角色由知识的传授者变为学习任务的设计者、教学过程的策划者、学习任务落实的组织者、学习效果的检查者和督促者。

传统的教材开发模式、展现形式已难以满足人才培养的新要求。新教材开发需注重以下四点：一是要具有相当的开放性，能适应新知识、新技术和新工艺的随时融入；二是要方便移动学习、碎片化学习、线上与线下结合学习；三是要注重校企双元教材开发，加大企业资源引进力度，实训内容要真、要新、要丰富，满足学生技能训练的需求；四是要突出情景教学、案例教学和任务驱动教学，强化"干中学"。《人力资源管理实务》新形态教材正是基于此背景进行编写的。

二、本书的主要内容

本书围绕人力资源管理岗位必须掌握的知识和技能进行编写，系统阐述基础知识、工作说明书、招聘、培训、绩效、薪酬设计、职业生涯规划、激励等岗位核心技能，为从事人力资源管理工作奠定良好的基础。

本书基于任务驱动理念，设计了十八个工作任务。知识链接融入知识和案例，重点阐述基本概念和理论；任务演练以任务单的形式训练技能；活页笔记便于学习者记录学习过程、重点和难点及学习体会与收获。全书既侧重个人岗位技能训练和素质培养，又注重团队协作能力养成。教学过程的实施体现相应职业工作过程，本书工作任务完成后，任务成果可组合成人力资源管理实务应用方案。

三、本书的编写特点

目前国内已出版的"人力资源管理"相关教材大多以理论阐述和举例为主，采用传统模式装订，技能训练内容较少。相比同类教材，本书具备以下几个特点。

一是校企双元，基于现实工作场景，将企业真实任务转化为教学案例和技能训练任务,展现行业新业态、新水平、新技术,培养学生技能和综合职业素养。

二是数字资源,嵌入二维码,可扫码查阅案例、下载任务单等,便于线上线下教学融合

三是任务式编写方法,以典型工作任务为载体,以学生为中心,以能力培养为本位,注重理论够用、技能训练为主的编写思路。

四、本书的使用建议

本书建议学时为64学时,前八个模块每模块8学时。本书的任务训练建议以团队方式进行,以便进行充分讨论,激发团队智慧,更好地完成任务训练。每个团队人数建议为4~6人,选出组长1人,负责组织讨论、分配任务、解决队内问题等,重点培养学生的批判性思维、表达与思考能力。

本书的任务单均提供电子稿下载,以供任课老师根据需要进行修改后分发给学生,以电子稿形式收取作业。纸质任务单可供团队在讨论时使用,部分任务只需要填写文字内容,因此也可以将活页任务单取出,以纸质形式上交作业。

五、本书的编写团队

本书由内蒙古电子信息职业技术学院乔祯任主编,负责全书的整体设计、内容选定、统稿、定稿;内蒙古电子信息职业技术学院郑凤、李帅、刘娜欣任副主编,内蒙古电子信息职业技术学院姚静静、呼和浩特万达商业管理有限公司李和霞参编。其中,模块一、模块二由郑凤编写;模块三、模块四由李帅编写;模块五、模块八、模块九由乔祯编写;模块六由刘娜欣编写;模块七由姚静静编写;全书的案例、数据由李和霞负责协调收集。本书部分案例和数据来自相关合作企业人力资源管理部门的鼎力支持,在此表示深深的谢意。

由于编者水平有限,书中难免有不妥之处,敬请广大读者批评、指正。

编 者

2024年1月

本书配套教学资源

目 录

模块一　人力资源管理与规划基础知识　1

任务一　人力资源管理 …………………………………………………… 2
一、人力资源的概念与特征 ………………………………………… 2
二、人力资源管理的概念与特点 …………………………………… 3
三、人力资源管理的基本职能 ……………………………………… 4
四、人力资源管理的目标与意义 …………………………………… 5

任务二　人力资源规划 …………………………………………………… 10
一、人力资源规划概述 ……………………………………………… 10
二、人力资源规划的作用 …………………………………………… 12
三、人力资源规划的内容 …………………………………………… 13
四、人力资源需求预测 ……………………………………………… 14
五、人力资源供给预测 ……………………………………………… 18

模块二　工作分析　23

任务一　工作分析的方法选择 …………………………………………… 24
一、工作分析的含义 ………………………………………………… 24
二、工作分析的内容 ………………………………………………… 24
三、工作分析的作用 ………………………………………………… 25
四、工作分析的流程 ………………………………………………… 26
五、工作分析的方法 ………………………………………………… 29

任务二　工作说明书的编写 ……………………………………………… 38
一、工作说明书的概念 ……………………………………………… 38
二、工作说明书的编写步骤 ………………………………………… 38
三、工作说明书的编写内容 ………………………………………… 39
四、工作说明书的编制要点 ………………………………………… 40

模块三 员工招聘　　45

任务一　员工招聘计划 …… 46
　一、招聘的含义 …… 46
　二、招聘的目标 …… 46
　三、招聘的意义 …… 47
　四、招聘的原则 …… 47
　五、招聘的渠道 …… 48
　六、招聘的方法 …… 49
　七、招聘的流程 …… 52
　八、招聘面试 …… 54

任务二　员工招聘评估总结报告撰写 …… 59
　一、招聘评估的含义 …… 59
　二、招聘评估的内容 …… 59
　三、招聘评估总结的撰写 …… 60

模块四 员工培训　　65

任务一　培训需求分析与计划制订 …… 66
　一、员工培训的内涵 …… 66
　二、员工培训的分类 …… 66
　三、员工培训的原则 …… 67
　四、员工培训需求分析 …… 68
　五、培训计划的制订 …… 71

任务二　培训的组织实施与效果评估 …… 76
　一、培训的组织与实施 …… 76
　二、培训效果评估 …… 77

模块五 职业生涯管理　　86

任务一　个人职业生涯规划案例点评 …… 87
　一、职业的概念 …… 87
　二、职业生涯基本分析概述 …… 87
　三、职业选择理论 …… 88
　四、职业生涯规划 …… 90

任务二　撰写职业生涯规划 …… 94
　一、职业规划 …… 94
　二、职业生涯管理 …… 94
　三、职业生涯发展理论 …… 95

四、员工职业生涯管理的意义 ……………………………………………… 98
　　五、个人职业生涯的影响因素 ……………………………………………… 99
　　六、个人职业计划 …………………………………………………………… 101
　　七、个人职业发展趋向 ……………………………………………………… 104

模块六　绩效管理　　　　　　　　　　　　　　　　　　　　　　　108

任务一　绩效管理体系的设计 …………………………………………………… 109
　　一、绩效管理概述 …………………………………………………………… 109
　　二、绩效管理体系的设计内容 ……………………………………………… 111
　　三、绩效考评的概述 ………………………………………………………… 114
　　四、绩效考评者的组成 ……………………………………………………… 115
　　五、绩效考评的原则 ………………………………………………………… 116
　　六、绩效考评体系 …………………………………………………………… 117
　　七、绩效考评方法的选择 …………………………………………………… 117
　　八、关键业绩指标体系的建立和选择 ……………………………………… 119

任务二　绩效考评反馈面谈 ……………………………………………………… 124
　　一、绩效考评反馈面谈含义、目的 ………………………………………… 124
　　二、绩效反馈面谈的原则 …………………………………………………… 126
　　三、绩效反馈面谈的准备 …………………………………………………… 127
　　四、绩效考评面谈的执行 …………………………………………………… 128

模块七　薪酬管理　　　　　　　　　　　　　　　　　　　　　　　132

任务一　薪酬等级设计 …………………………………………………………… 133
　　一、薪酬管理概述 …………………………………………………………… 133
　　二、薪酬管理的意义 ………………………………………………………… 135
　　三、薪酬管理的原则 ………………………………………………………… 135
　　四、影响薪酬管理的主要因素 ……………………………………………… 135
　　五、薪酬管理与人力资源管理其他职能的关系 …………………………… 137
　　六、薪酬管理的理论 ………………………………………………………… 138
　　七、薪酬体系的规划 ………………………………………………………… 140
　　八、薪酬体系管理的过程 …………………………………………………… 142
　　九、薪酬等级设计 …………………………………………………………… 144

任务二　福利管理 ………………………………………………………………… 150
　　一、福利的含义及特征 ……………………………………………………… 150
　　二、福利的内容 ……………………………………………………………… 151
　　三、福利管理的流程设计 …………………………………………………… 152
　　四、弹性福利 ………………………………………………………………… 153

模块八　员工激励　157

任务一　优秀企业成功激励案例点评　158
一、激励的概念　158
二、激励的基本特征　158
三、激励的类型　159
四、激励的基本原则　160
五、激励理论的类型　162

任务二　激励过程分析　165
一、内容型激励理论　165
二、过程型激励理论　169
三、行为改造型激励理论　176
四、激励的基本过程　179

模块九　综合实训与练习　183

任务一　综合实训　183
人力资源管理与规划基础知识　183
工作分析　184
员工招聘　184
员工培训　185
职业生涯管理　186
绩效管理　187
薪酬管理　187
员工激励　188

任务二　练习题　189
人力资源管理与规划基础知识　189
工作分析　191
员工招聘　192
员工培训　193
职业生涯管理　194
绩效管理　196
薪酬管理　197
员工激励　198

参考文献　200

模块一 人力资源管理与规划基础知识

导读

人力资源管理是对人力资源的获取、使用、保持、开发、评价与激励等进行的全过程管理活动，通过协调人与事的关系，处理人与人的矛盾，充分发挥人的潜能，使人尽其才、物尽其用、人事相宜，从而达到人力资源价值的充分发挥，以实现组织的目标和个人的需要。人力资源规划处于整个人力资源管理活动的统筹阶段，为人力资源管理的其他活动制定了目标、原则和方法，其科学性、准确性直接关系着人力资源管理工作的成效。

通过本模块的学习，能够使同学们充分认识人力资源管理与人力资源规划的基础知识，了解人力资源管理的整个内容体系以及人力资源规划的主要流程。

知识目标

- 掌握人力资源和人力资源管理的概念与特点。
- 了解人力资源管理的基本内容体系。
- 掌握人力资源规划的含义、作用。
- 了解编制人力资源规划的流程。

能力目标

- 了解人力资源管理专业人员的技能要求。
- 能够分析企业人力资源管理中出现的问题并提出解决方法。
- 能够编写简单的人力资源规划方案。

素质目标

- 培养学生收集、筛选、整理资料的能力。
- 培养学生判断分析能力和敏锐的观察力。
- 培养学生系统思考和独立思考能力。
- 培养学生良好的表达能力。
- 培养学生良好的团队协作能力。

任务一 人力资源管理

 案例引入

某供电公司打造市域人力资源"放管服"改革试验田

 知识链接

一、人力资源的概念与特征

资源是泛指社会财富的源泉,是能给人带来新的价值的客观存在物,在管理中"人、财、物"中的"人"即人力资源。现代管理科学普遍认为,经营好企业需要四大资源,即人力资源、经济资源、物质资源、信息资源。而在这四大资源中,人力资源是最重要的资源,是生产活动中最活跃的因素,被经济学家称为第一资源。

(一)人力资源的概念

人力资源的观点起源于20世纪60年代。人力资源是与自然资源或物质资源相对的概念,是指一定范围内人口总体所具有的劳动能力的总和,是指一定范围内具有为社会创造物质和精神财富、从事体力劳动和智力劳动的人们的总称。

(1)人力资源是以人为载体的资源,是指具有智力劳动能力或体力劳动能力的人们的总和。

(2)人力资源是指一个国家或地区有劳动能力的人口总和。

(3)人力资源与其他资源一样也具有物质性、可用性、有限性、归属性。

(4)人力资源既包括拥有成员数量的多少,也包括拥有成员质量的高低。它是存在于人体中以体能、知识、技能、能力、个性行为等特征为具体表现的经济资源。

(二)人力资源的特征

1. 开发对象的能动性

人力资源在经济活动中是居于主导地位的能动性资源,这与自然资源在开发过程中的被动地位截然相反。劳动者总是有目的、有计划地运用自己的劳动能力,能主动调节与

外部的关系,具有目的性、主观能动性和社会意识性。劳动者按照在劳动过程开始之前已确定的目的,积极、主动、创造性地进行活动。能动性也是人力资源创造性的体现。

2. 生产过程的时代性

人是构成人类社会活动的基本前提。不同的时代对人才需求的特点不同,人力资源在形成过程中会受到外界环境的影响,从而造就不同时代特点的人力资源。例如,战争时代需要大量的军事人才,而和平年代需要各种类型的经济建设和社会发展方面的人才。

3. 使用过程的时效性

人力资源的形成、开发、使用都具有时间方面的制约性。作为人力资源,人能够从事劳动的自然时间又被限定在其生命周期的中间一段,不同的年龄阶段,劳动能力各不相同。无论哪类人,都有其最佳年龄阶段和才能发挥的最佳期。所以开发和利用人力资源要讲究及时性,以免造成浪费。

4. 开发过程的持续性

物质资源一次开发形成最终产品后,一般不需要持续开发。但人力资源则不同,需要多次开发、多次使用。知识经济时代,科技发展日新月异,知识更新速度非常快,人力资源一次获取的知识能量不能够维持整个使用过程。需要不断积累经验,充实提高,通过不断的学习更新自己的知识,提高技能,增强自我能力。这就要求人力资源的开发与管理要注重终身教育,加强后期培训与开发,不断提高其知识水平。因此人力资源开发必须持续进行。

5. 闲置过程的消耗性

人力资源是具有两重性的,它既是价值的创造者,又是资源的消耗者。人力资源需要维持生命必不可少地消耗,同时又具有使用过程的时效性。资源闲置,无论是对组织还是对个体都是一种浪费。

6. 组织过程的社会性

人力资源活动是在特定社会组织中的群体活动。在现代社会中,在高度社会化大生产的条件下,个体要通过一定的群体来发挥作用,合理的群体组织结构有助于个体的成长及高效地发挥作用,不合理的群体组织结构则会对个体构成压力。人力资源的形成、使用与开发受到社会因素的影响,包括历史、文化、教育等多方面。这就给人力资源管理提出了要求:既要注重人与人、人与团体、人与社会的关系协调,又要注重组织中团队建设的重要性。

二、人力资源管理的概念与特点

(一) 人力资源管理的概念

人力资源管理是对人力资源的获取、使用、保持、开发、评价与激励等进行的全过程管理活动,通过协调人与事的关系,处理人与人的矛盾,充分发挥人的潜能,使人尽其才、物尽其用、人事相宜,从而达到人力资源价值的充分发挥,以实现组织的目标和个人的需要。

(1) 人力资源管理包括对人力资源进行量的管理和质的管理两方面。一方面,通过获取与整合,满足组织对人员数量的要求;另一方面,通过对人的思想、心理和行为进行有效管理,充分发挥人的主观能动性,以达到组织目标。

(2) 人力资源管理要做到人事相宜。即根据人力和物力及其变化,对人力资源进行招聘、培训、组织和协调,使两者经常保持最佳比例和有机结合,使人和物都发挥出最佳效益。

(3) 人力资源管理的基本职能包括获取、整合、激励、调控和开发,通过这一过程完成求才、用才、育才、激才、护才、留才的整个管理过程,这也是人力资源管理的六大基本任务。

(二)人力资源管理的特点

人力资源管理是一门科学,它具有以下特点。

1. 人力资源管理是一门综合性的科学

人力资源管理的主要目的是指导管理实践活动。而当代的人力资源管理活动影响因素较多,内容复杂,仅掌握一门知识是不够的。它综合了经济学、社会学、人类学、心理学、统计学、管理学等多个学科,涉及经济、政治、文化、组织、心理、生理、民族、地缘等多种因素。只有综合性的人力资源管理措施才能实现企业或组织健康、持久的发展。

2. 人力资源管理是一门实践性很强的科学

人力资源管理是通过对众多的管理实践活动进行深入地分析、探讨、总结,并在此基础之上形成理论的科学,而产生的理论直接为管理实践活动提供指导,并且接受实践的检验。

3. 人力资源管理是具有社会性的科学

人力资源管理是一门具有社会性的科学,其内容和特点受社会文化、历史、制度、民族等社会因素的影响。因此,对人力资源进行管理,必须考虑人力资源所处的社会环境。不同社会环境中的人力资源管理活动有着不同的规律,形成的管理理论也有其自身的特殊性。

4. 人力资源管理是具有发展性的科学

人力资源管理处于不断发展完善的过程当中,有些内容还要进行修改,还需要一个不断深入的认识过程,使之能够更有效地指导实践。人力资源管理的发展到目前为止经历了手工业制造、科学管理理论、人际关系运动、行为科学和学习型组织这五个阶段。

三、人力资源管理的基本职能

人力资源管理的基本职能有以下几个方面。

(一)获取

人力资源管理根据组织目标确定的所需人员条件,通过规划、招聘、考试、测评、选拔,获取组织所需的人力资源。获取是人力资源管理工作的第一步,是后面四种职能得以实现的基础。主要包括人力资源规划、职务分析、员工招聘和录用。

（二）整合

整合是使被招收的员工了解企业的宗旨和价值观，使之内化为他们自己的价值观。通过企业文化、信息沟通、人际关系和谐、矛盾冲突的化解等有效整合，使企业内部的个体目标、行为、态度趋向企业的要求和理念，使之形成高度的合作和协调，发挥集体优势，提高企业的生产力和效益。

（三）激励

激励是指给予为组织做出贡献的员工奖酬的过程，是人力资源管理的核心。根据对员工工作绩效进行考评的结果，公平地向员工提供与他们各自的贡献相称的合理的工资、奖励和福利。设置这项基本职能的根本目的在于增强员工的满意感，提高其劳动积极性和劳动生产率，进而提高组织的绩效。

（四）调控

调控是对员工实施合理、公平的动态管理的过程，是人力资源管理中的控制与调整职能。它包括两方面内容：①科学、合理的员工绩效考评与素质评估；②以考绩与评估结果为依据，对员工进行动态管理，如晋升、调动、奖惩、离退、解雇等。

（五）开发

开发是人力资源管理的重要职能。人力资源开发是指对组织内员工素质与技能的培养与提高，是提高员工能力的重要手段。它包括组织和个人开发计划的制订、新员工的工作引导和业务培训、员工职业生涯的设计、继续教育、员工的有效使用以及工作丰富化等。

四、人力资源管理的目标与意义

（一）人力资源管理的目标

人力资源管理的目标是指企业人力资源管理需要完成的职责和需要达到的绩效。人力资源管理既要考虑组织目标的实现，又要考虑员工个人的发展，强调在实现组织目标的同时实现个人的全面发展。

1. 改善工作生活质量，满足员工需要

工作生活质量可以被描述为一系列的组织条件和员工工作后产生的安全感、满意度及自我成就感的综合，它描述了工作的客观态度和员工的主观需求。良好的工作生活质量能够使工作中的员工产生生理和心理健康的感觉，从而有效地提高工作效率。

2. 提高劳动生产率，取得理想的经济效益

劳动生产率、工作生活质量和企业经济效益三者之间存在着密切的联系。从人力资源管理的角度讲，提高劳动生产率是要让人们更加高效而不是更加辛苦地工作。人力资源管理能够有效地提高和改善员工的生活质量，提供良好的工作环境，以此降低员工流动率。通过培训等方法，实现人力资源的精干和高效，提高潜在的劳动生产率，从而取得理想的经济效益。

3. 培养全面发展的人才，获取竞争优势

随着经济全球化和知识经济时代的到来，人力资源日益成为企业竞争优势的基础，很多企业把培养高素质、全面发展的人才当作首要任务。通过对人力资源的教育与培训、文化塑造，可以有效地提高人力资源核心能力的价值，获取竞争优势。

（二）人力资源管理的意义

随着知识经济的到来，人在组织发展和提高竞争力方面的作用也越来越重要，因而人力资源管理的意义就凸显出来，具体表现如下。

1. 有利于促进生产经营的顺利进行

企业拥有三大资源，即人力资源、物质资源和财力资源，而物质资源和财力资源的利用是通过与人力资源的结合实现的，即人力资源是企业劳动生产力的重要组成部分。只有通过合理组织劳动力，不断协调劳动对象之间的关系，才能充分利用现有的生产资料和劳动力资源，使它们在生产经营过程中最大限度地发挥其作用，形成最优的配置，保证生产经营活动顺利地进行。

2. 有利于调动企业员工的积极性，提高劳动生产率

企业必须善于处理物质奖励、行为激励以及思想教育工作三方面的关系，使企业员工始终保持旺盛的工作热情，充分发挥自己的专长，努力学习技术和钻研业务，不断改进工作，从而达到提高劳动生产率的目的。

3. 有利于减少不必要的劳动耗费

经济效益是指经济活动中的成本与收益的比较。减少劳动耗费的过程，就是提高经济效益的过程。因此，合理组织劳动力，科学配置人力资源，可以促使企业以最小的劳动消耗取得最大的经济成果。

4. 有利于企业实现科学管理

科学而规范的企业管理制度是现代企业良性运转的重要保证，而人力资源的管理又是企业管理中最为关键的部分。如果一个企业缺乏优秀的管理者和优秀的员工，即使拥有再先进的设备和技术，也无法发挥效果。因此，通过有效的人力资源管理，加强对企业人力资源的开发和利用，做好员工的培训教育工作，是企业实现科学管理和现代管理的重要环节。

5. 有利于建立和加强企业文化建设

企业文化是企业发展的凝聚剂和催化剂，对员工具有导向、凝聚和激励作用。优秀的企业文化可以增进企业员工的团结和友爱，减少教育和培训经费，降低管理成本和运营风险，并最终使企业获取更多利润。

人力资源管理的基本内容体系

任务演练

人力资源管理案例点评如表1-1所示。

表1-1 人力资源管理案例点评

任务编号:1-1	建议学时:2课时
实训地点:校内专业实训室	小组成员姓名:

一、任务描述
1. 演练任务:人力资源管理案例点评;
2. 演练目的:认识人力资源管理过程中的部分关键点;
3. 演练内容:每人收集某企业成功的人力资源管理案例,分析案例,写出点评稿(不少于500字)

二、相关资源
1. 以"企业人力资源管理案例分析"为关键词查询相关网络资料;
2. 进入豆丁、百度等常用网站,搜索、浏览企业人力资源管理案例

三、任务实施
1. 完成分组,4~6人为一小组,选出组长;
2. 围绕"企业人力资源管理案例"这一主题,查询资料,进行整理和分析,提交任务单;
3. 小组撰写PPT,选出代表进行汇报

四、任务成果
(此处填写点评稿)

(一)案例简介

(二)案例关键点

续表

（三）过程点评

（四）总结

五、任务执行评价

任务评分标准

序号	考核指标	所占分值	备注	得分
1	完成情况	10	在规定时间内完成并按时上交	
2	内容	50	内容丰满、图文并茂、PPT精美	
3	点评质量	40	准确分析某企业人力资源管理案例中所涉及人力资源管理相关知识点，有自己的观点	
		总 分		

指导教师：

日期： 年 月 日

扫码下载任务单

活页笔记

学习过程

重、难点记录

学习体会与收获

任务二　人力资源规划

案例引入

人力资源规划与企业可持续发展的关系

知识链接

人力资源规划处于整个人力资源管理活动的统筹阶段，为人力资源管理的其他活动制定了目标、原则和方法，其科学性、准确性直接关系着人力资源管理工作的成效。因此，制订好人力资源规划是企业人力资源管理部门的一项非常重要和有意义的工作。

一、人力资源规划概述

（一）人力资源规划的定义

人力资源规划是指组织为了实现战略发展目标，根据组织目前的人力资源状况对组织人力资源的需求和供给状况进行合理的分析与预测，并据此制订相应的计划和方案，确保组织在适当的时间能够获得适当的人员，实现组织人力资源的最佳配置，从而满足组织与个人的发展需要。具体而言，人力资源规划包括以下四方面的含义。

1. 人力资源规划是对组织目标和组织内外环境可能发生变化的情况进行的分析与预测

市场经济条件下市场环境瞬息万变，组织内部和外部环境也会相应地发生变化，不断变化的环境必然会对人力资源的供给状况产生持续的影响。人力资源规划的制订就是要及时把握环境和战略目标对组织的要求，作出科学的分析和预测，识别和应答组织的需要，使组织的人力资源能够适应环境的变化，适应组织未来各阶段的发展动态，保证组织的人力资源总是处于充足供给的状况，为组织总体目标的实现提供充分的人力资源保障。

2. 人力资源规划的制订以实现组织的战略发展目标为基础

在组织的人力资源管理中，人力资源规划是组织发展战略总规划的核心要件，是组织未来发展的重要基础条件。组织的人力资源规划要根据组织的战略发展目标来制订，在组织对未来的发展方向进行决策时能够提供所需的数据和适当的信息，提高获取人力资源的效率及有效性，降低组织管理成本。

3. 人力资源规划的对象是组织内外的人力资源

人力资源规划的对象包括组织内部的人力资源以及组织外部的人力资源,如对内部现存的人力资源进行培训、调动、升降职,对外部人力资源进行招聘、录用、培训等。随着组织战略目标的调整及组织外部环境的变化,应当及时制订和调整人力资源管理的方案,并有效实施。

4. 人力资源规划要实现组织目标与个人目标共同发展

人力资源规划是组织发展战略和年度规划的重要组成部分,它为组织未来的发展预先获取优秀的人才,储备人力资源,同时也为合格的人才匹配最合适的岗位,为实现其个人价值提供机会,保证最大限度地发挥人才的潜能,满足人才职业生涯发展的需求,做到"人尽其才""能岗匹配",吸引并留住优秀的人才资源,最终达到组织目标与个人目标共同实现。

(二) 人力资源规划的目标

组织的人力资源规划是能够为组织人事管理工作提供有效指导的一种人事政策,人力资源规划的实质在于通过对组织人力资源的调整和确定,保证组织战略目标的实现。人力资源规划的目标是保证人力资源状况与组织各阶段的发展动态相适应,尽可能有效地配置组织内部的人力资源,使组织在适当的时候得到适当数量、质量和种类的人力资源。

1. 在充分利用现有人力资源的情况下,组织要获取和保持一定数量具备特定技能、知识结构及能力的人员

组织中现有的人力资源在组织中具有不可替代的作用,对这些人员进行规划,使之能够跟上组织不断创新的步伐是人力资源规划的主要工作内容。而具备特定技能、知识结构和能力的人员在组织中更是起到中流砥柱的作用,因此,人力资源规划工作的目标就是要根据组织的需要及时补充与岗位相匹配的人员,为组织进行人才储备。

2. 预测组织中潜在的过剩人员或人力不足

组织拥有的人员过多,并不必然导致经济效益也会越多。相反,人员过多会使组织的管理成本过高,从而减少经营利润。但是如果人员过少,又会由于产品数量不足,而满足不了市场的需求,从而导致经营收入降低。

3. 建设一支训练有素、运作灵活的劳动力队伍,增强组织适应未知环境的能力

社会环境是动态的,国内经济的增长、停滞或收缩,政府对市场经济的宏观调控措施的严厉或放松,都会影响行业的发展;行业的发展态势是继续保持现状、出现趋缓,还是竞争更加激烈,会对组织的人力资源供给产生重要的影响,这种影响主要来自市场对组织产品的需求状况的变化和劳动力市场对组织人力资源供给状况的变化。人力资源规划要求全面考虑相关领域里的各种情形以及可能出现的各种变化,培育一支训练有素、动作灵活的人员队伍,提早做好准备,应对未来环境的变化,使组织在变化中立于不败之地。

4. 减少组织在关键技术环节对外招聘的依赖性

一般来说,组织技术核心工作环节对掌握关键技术的员工依赖性比较大,科学技术的发展要求员工不断地更新知识、创新技术。组织的人力资源管理部门应当不断对员工进行充分的培训,让员工能够掌握最前沿的信息技术,为组织创造最高的工作绩效,而不必完全依赖于对外招聘来获得关键的技术人才。

为达到以上目标,人力资源规划需要关注以下焦点:组织需要多少员工;员工应具备怎样的专业技术、知识结构和能力;组织现有的人力资源能否满足已知的需要;是否有必要对原有的员工进一步培训开发;是否需要进行招聘;能否招聘到需要的人员;何时需要新员工;培训或招聘何时开始;企业应该制定怎样的薪酬政策以吸引外部人员和稳定内部员工;当企业人力资源过剩时,有什么好的解决办法;为了减少开支或由于经营状况不佳而必须裁员时,应采取何种应对措施;除了积极性、责任心外,还有哪些可以开发利用的人员因素等。

二、人力资源规划的作用

人力资源规划是人力资源管理各项具体活动的起点和依据,它直接关系着组织人力资源管理和整体工作的成败,更关系着组织战略目标的实现,是整个组织战略的重要组成部分。

1. 人力资源规划是组织适应动态发展需要、提高市场竞争力的重要保证

人力资源规划是组织战略规划的重要组成部分,必须与企业的经营战略保持一致,为企业的整体战略规划服务。由于组织外部环境的不断变化,组织的战略也会进行相应的调整,从而使企业对人力资源的需求发生变化,这种需求的变化必然导致人力资源供需之间的失衡。因此,人力资源规划要求规划主体根据组织的长远发展目标和战略规划的阶段性调整,对人力资源进行动态统筹规划,预测人力资源的供求差异,努力平衡人力资源的需求与供给,及早制定出应对变化的调整措施,增强企业对环境的适应能力,使企业更富有市场竞争力,及早实现企业的战略目标。人力资源规划对组织战略规划的重要作用如图 1-1 所示。

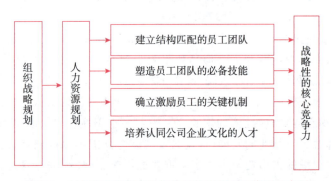

图 1-1　人力资源规划对组织战略规划的重要作用示意图

2. 人力资源规划是组织实施管理工作的起点和重要依据

人力资源规划对组织人员的招聘选拔、教育培训、薪酬福利、人员调整以及人工成本的控制等工作都做了具体而详细的安排,是组织实施管理工作的起点。同时,人力资源规划还能提供大量的市场动态信息,使管理者能够随时了解和掌握社会环境中人力资源市场的变化状况,有效地帮助组织进行工作分析,及时做出应对措施,为组织实施管理工作提供重要依据。

3. 人力资源规划能够帮助组织科学地控制人工成本

工资是组织人工成本中最大的支出部分。组织不断发展壮大，员工职位不断提升，会使工资越来越高，造成组织人工成本不断增加。人力资源规划能够科学地预测员工未来在数量、结构方面的变化，并改善组织的人力资源结构，减少不必要的人力资源成本支出，使之更加合理化，达到帮助组织科学地控制人工成本的目的。

4. 人力资源规划有助于调动员工的积极性

员工通过人力资源规划可以了解到组织未来对各个层次人力资源的需求，可以有更多的机会参加培训，提高自身素质和工作胜任能力，从而充分调动起自身工作热情，为自己设计有利于个人发展的道路，能够增加对工作的满意度，在岗位上发挥能动性和创造性，提高工作质量。

三、人力资源规划的内容

人力资源规划是一项系统的战略工程，以企业发展战略为指导，以全面核查现有人力资源、分析企业内外部条件为基础，以预测组织对人员的未来供需为切入点，内容包括晋升规划、补充规划、培训开发规划、人员调配规划、工资规划等，基本涵盖了人力资源的各项管理工作。人力资源规划还通过人事政策的制订对人力资源管理活动产生持续和重要的影响。组织的人力资源规划分为两个层次：一个层次是人力资源的总体规划，另一个层次是人力资源的具体规划。

人力资源的总体规划是指根据组织的总体战略目标制订的，在计划期内人力资源开发与管理的总原则、总方针、总目标、总措施、总预算的安排。组织的具体规划是指人力资源各项具体业务规划，是总体规划的展开和时空具体化，每一项具体计划也都由目标、任务、政策、步骤和预算等部分构成，从不同方面保证人力资源总体规划的实现。人力资源具体规划包括人员补充规划、人员使用和调整规划、人才接替发展规划、人才教育培训规划、劳动关系规划、评价激励规划、退休解聘规划、员工薪酬规划、员工职业生涯发展规划等。具体内容如表1-2所示。

表1-2 人力资源规划具体内容

类 别	规划目标	相关政策或措施
人员补充规划	优化结构，满足组织对人力资源数量、类型和质量的现实性需求	1. 员工自然变动预测和规划； 2. 冗员和不适岗者变动或解聘规划； 3. 新员工补充来源和招聘规划； 4. 职位工作分析
人员使用和调整规划	部门人员编制和人力结构的优化，提高效率和用人的恰当性，组织企业内部人员的合理流动	1. 岗位调整和轮换政策； 2. 职位任用标准和上岗基本资格制度； 3. 范围与时间规定
人才接替发展规划	建立后备人才计划，形成人才群体，适应组织发展需要	1. 管理与技术骨干选拔制度； 2. 晋升职位管理办法和流程； 3. 提升资深人员的安排和管理规划； 4. 员工发展计划和个人职业生涯发展规划

续表

类　别	规划目标	相关政策或措施
人才教育培训规划	培训系统拟定、建立,确定培训系统的评价效果	1. 普通员工培训制度; 2. 管理技能培训制度; 3. 专业人员业务进修制度; 4. 绩效发展需求和培训实施规划
劳动关系规划	协调员工关系,增进理解,增强员工的满意度,降低非期望性离职率	1. 员工参与管理制度; 2. 合理化建议和创新管理制度; 3. 员工管理沟通制度和员工满意度调查制度
评价激励规划	增强员工的参与度,增进绩效技能,增强组织的凝聚力,塑造企业文化	1. 目标管理程序和管理制度; 2. 奖惩制度和管理方法; 3. 沟通机制和管理技巧
退休解聘规划	编制动态变化计划,降低劳务成本和提高劳动生产率	1. 退休政策和规定; 2. 员工解聘制度和程序; 3. 人员接替计划和管理程序
员工薪酬规划	平衡内外部薪酬的水平,建立具有激励性的分配机制体系	1. 现代的薪酬管理制度; 2. 奖励政策和制度; 3. 福利计划和实施办法
员工职业生涯发展规划	协调个人与组织的职业发展规划,实现员工与组织的"双赢"	1. 制订个人层次的职业生涯发展规划; 2. 制订组织层次的职业发展规划

四、人力资源需求预测

(一) 人力资源需求预测的含义、特点

1. 人力资源需求预测的含义

人力资源需求预测是指组织的人力资源管理部门根据组织的战略目标、组织结构、工作任务,综合各种因素的影响,对组织未来某一时期所需的人力资源数量、质量和结构进行估算的活动。

微课:人力资源需求预测

2. 人力资源需求预测的特点

(1) 科学性。组织的人力资源需求预测工作是按照科学的程序,运用科学的方法及逻辑推理等手段,对人力资源未来的发展趋势作出科学的分析。它能够反映出人力资源的发展规律,因而具有科学性。

(2) 近似性。由于人力资源需求预测是对组织未来某一时期所需的人力资源数量、质量和结构进行估算的活动,而事物在发展过程中也总会受到各种因素的影响而不断发生变化,因此,该预测只能对未来的预测作出尽可能贴近的描述,人力资源需求的预测结果与未来发生的实际结果存在着一定的偏差,只是极为近似。

(3) 局限性。在人力资源需求预测的过程中,由于预测对象受到外部各种因素变化的影响具有不确定性或者随机性,就会使得预测的结果带有一定的局限性,不能表达出人力

资源需求发展完全、真实的面貌和性质。

(二) 人力资源需求预测的方法

人力资源需求预测是否科学、合理,关系到组织的人力资源规划能否成功,在制订时要充分考虑组织内外环境的各种因素,根据现有人力资源的状况以及组织的发展目标确定未来所需人员的数量、质量和结构。人力资源需求预测的方法可分为定性预测方法和定量预测方法。定性预测方法是一种主观判断的方法,包括德尔菲法、微观集成法、工作研究法、现状规划法、描述法等。定量预测方法是利用数学手段进行预测的方法,主要包括劳动定额法、回归分析法、计算机模拟预测法、比率分析法等。

1. 定性预测方法

1) 德尔菲法

德尔菲(Delphi)法也叫专家预测法或集体预测法,是指收集有关专家对组织某一方面发展的观点或意见并加以调整分析的方法。德尔菲法一般采取匿名问卷调查的方式,通过综合专家们各自的意见来预测组织未来人力资源需求量。专家可以来自组织内部,如组织的高层管理人员或者各部门具体的管理人员,也可以聘请组织外部的专家。

德尔菲法的特点:吸收专家参与预测,充分利用专家的经验、学识;采用匿名或背靠背的方式,能使每一位专家独立自主地作出自己的判断;预测过程经过几轮反馈,使专家的意见逐渐趋同。由于这种预测方法是在专家不受到他人烦扰的情况下做出的意见,并能够综合考虑到社会环境、组织发展战略和人员流动等因素对组织人力资源规划的影响,因此具有很强的操作性,被广泛地运用到人力资源规划中。但是这种方法也存在着不足之处,即其预测结果具有强烈的主观性和模糊性,无法为组织制订准确的人力资源规划政策提供详细可靠的数据信息。

2) 微观集成法

微观集成法是一种主观的预测方法,是指根据有关管理人员的经验,结合本公司的特点,对公司员工需求加以预测的方法。这种方法主要采用"自下而上"和"自上而下"两种方式。"自下而上"的方式是从组织中的最底层开始预测人员需求,由组织内各部门的管理者根据本部门的工作负荷及业务发展,对本部门未来某种人员的需求量作出预测,然后向上级主管提出用人要求和建议。组织的人力资源部门根据各部门的需求进行横向和纵向的汇总,再结合组织的经营战略形成总体预测方案。"自上而下"的预测方式则是由组织的决策者先拟订组织的总体用人目标和计划,然后由各级部门再自行确定所需人员计划。

这两种方式还可以结合起来同时运用,即组织先提出员工需求的指导性建议,再由各部门按照该要求,逐级下达到基层,确定具体用人需求;同时,由人力资源部门汇总后根据组织的战略目标确定总体用人需求,将最后形成的员工需求预测交由组织决策者审批,形成组织的人力资源需求规划方案。此法适用于短期预测和生产情况比较稳定的组织。

3) 工作研究法

工作研究法是通过工作研究计算完成某项工作或某件产品的工时定额和劳动定额,并考虑预测期内的变动因素,以此来进行组织员工需求预测。即根据具体岗位的工作内容和职责范围,确定适岗人员的工作量,再得出总人数。此法易于实施,适用于结构比较简单、职责比较清晰的组织。

4）现状规划法

现状规划法是最简单的预测方法,是指在假定组织的生产规模和生产技术不变,且人力资源的配备比例和人员数量完全能够适应预测期内人力资源需求的情况下,对组织人员晋升、降职、退休、辞职、重病等情况的预测。根据历史资料的统计和分析比例,预测上述人员的数量,再调动人员或招聘人员弥补岗位空缺。该方法易于操作,适合组织中、短期的人力资源预测,适用于特别稳定、技术规模不变的组织。现状规划法的计算公式为

人力资源需求量＝退休人员数＋辞退、辞职、重病人员数

5）描述法

描述法是组织的人力资源部门对组织未来某一时期的战略目标和因素进行假定性描述、分析、综合,预测出人员需求量。此种方法应作出多种备选方案,以便适应组织内部环境或相关因素的变化。

2. 定量预测方法

1）劳动定额法

劳动定额法是对劳动者在单位时间内应完成的工作量的规定,该方法能够较准确地预测组织人力资源需求量,其公式为

$$N = \frac{W}{q(1+R)}$$

式中,N 代表人力资源需求总量;W 代表组织计划期内任务总量;q 代表组织定额标准;R 代表计划期内劳动生产率变动系数。

$$R = R_1 + R_2 - R_3$$

式中,R_1 表示组织技术进步引起的劳动生产率提高系数;R_2 表示经验积累导致生产率提高系数;R_3 表示由劳动者及其他因素引起的生产率降低系数。

2）回归分析法

回归分析法是采用统计方法预测人力资源需求的一种技术方法。该方法主要以过去的变化趋势为根据来预测未来变化趋势,运用这种方法需要大量的历史业务数据,如组织的销售收入、销量、利润、市场占有率等,从这些数据中可以发现组织中与人力资源的需求量关系最大的因素,分析这一因素随着人员的增减而变化的趋势,以历史数据为基础建立回归方程,计算得出组织在未来一定时期内的人员变化趋势与人数需求量。回归分析法有一元线性回归预测法,也有多元回归预测法,最简单的是一元线性回归预测法,适合人力资源规划中以年为单位预测总量变化的情况。

3）计算机模拟预测法

计算机模拟预测法主要是在计算机中运用各种复杂的数学模式,对组织在未来外部环境及内部环境发生动态变化时,组织人员的数量和配置情况进行模拟测试,从而得出组织未来人员配置的需求量。这种方法是人力资源需求预测方法中最为复杂的一种,相当于在一个虚拟的世界里进行试验,能够综合考虑各种因素对组织人员需求的影响,必将得到广泛的应用。

4）比率分析法

比率分析法也叫作转化比率分析法，这种方法是以组织中的关键因素（销售额、关键技能员工）和所需人力资源数量的比率为依据，预测出组织人力资源的需求量；或者通过组织中的关键人员数量预测其他人员如秘书、财务人员和人力资源管理人员的需求量。使用比率分析法的目的是将企业的业务量转换为人力资源的需求，这是一种适合于短期需求预测的方法。以某大学为例，假设在校攻读的研究生数量增加了一个百分点，那么相应地要求教师的数量也要增加一个百分点，而其他职员的数量也应该增加，否则难以保证该大学对研究生培养的质量。这实际上是根据组织过去的人力资源需求数量同某影响因素的比率对未来的人事需求进行预测。但是，运用比率分析法要假定组织的劳动生产率是不变的。如果组织的劳动生产率发生升降变化，那么运用这种方法进行人力资源预测就会缺乏准确性。

（三）人力资源需求预测的程序

人力资源需求预测分为现实人力资源需求预测、未来人力资源需求预测和未来流失人力资源需求预测三部分。具体步骤如图1-2所示。

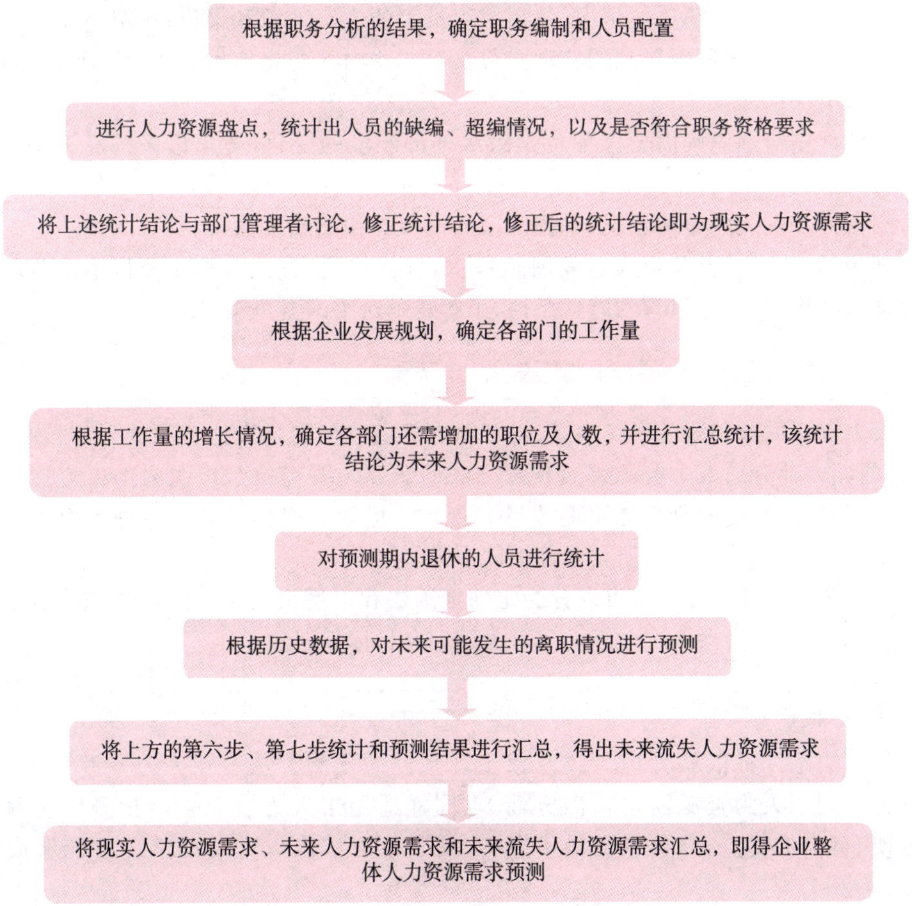

```
根据职务分析的结果，确定职务编制和人员配置
          ↓
进行人力资源盘点，统计出人员的缺编、超编情况，以及是否符合职务资格要求
          ↓
将上述统计结论与部门管理者讨论，修正统计结论，修正后的统计结论即为现实人力资源需求
          ↓
根据企业发展规划，确定各部门的工作量
          ↓
根据工作量的增长情况，确定各部门还需增加的职位及人数，并进行汇总统计，该统计结论为未来人力资源需求
          ↓
对预测期内退休的人员进行统计
          ↓
根据历史数据，对未来可能发生的离职情况进行预测
          ↓
将上方的第六步、第七步统计和预测结果进行汇总，得出未来流失人力资源需求
          ↓
将现实人力资源需求、未来人力资源需求和未来流失人力资源需求汇总，即得企业整体人力资源需求预测
```

图1-2 人力资源需求预测的程序

五、人力资源供给预测

（一）人力资源供给预测的含义及内容

1. 人力资源供给预测的含义

人力资源供给预测是人力资源规划中的重要核心内容，是指组织运用一定的方法，对组织未来从内部和外部可能获得的人力资源数量、质量和结构进行预测，以满足组织未来发展时期对人员的需求。

2. 人力资源供给预测的内容

人力资源供给预测的内容分为组织内部供给预测和组织外部供给预测两个方面。

组织内部供给预测是对组织内部人力资源开发和使用状况进行分析掌握后，对未来组织内部所能提供的人力资源状况进行的预测。内部供给预测需要考虑的是组织的内部条件，具体包括分析组织内部的部门分布、岗位及工种、员工技术水平及知识水平、年龄构成等人力资源状况；了解目前组织内因伤残、死亡、退休等原因造成的员工自然流失情况；分析工作条件（如作息制度、轮班制度等）的改变和出勤率的变动对人力资源供给的影响；估计组织目前的人力资源供给情况，掌握组织员工的供给来源和渠道；预测将来员工因升降、岗位调整或跳槽等原因导致的流动态势。对这些内部变化作出分析，便于有针对性地采取应对和解决措施。

组织外部供给预测则需要考虑的是组织外部环境的变化，考虑诸多的经济、社会、文化因素对人力资源市场的影响，预测劳动力市场或人才市场对组织员工的供给能力。需要分析国家经济发展的整体状况，掌握国家已出台的相关政策法规、科技的发展情况及人才培养结构的变化，还要分析人口发展趋势、本行业的发展前景，具体分析本地劳动力市场的劳动力结构和模式、组织的聘任条件，了解竞争对手的竞争策略。

（二）人力资源供给预测的方法

在人力资源供给预测的研究中，人力资源内部供给预测是人力资源规划的核心内容，因此，目前国内外有关人力资源供给预测方法的研究主要定位于组织内部人力资源供给预测上，有关预测方法的研究在不断改进和创新。尽管有很多学者在各种人力资源管理著作中提出了许多预测方法，但方法都大同小异。

人力资源供给预测方法也可以分为定性预测法和定量预测法。定性预测法包括德尔菲法和替换单法，定量预测法包括马尔可夫模型和目标规划法。

1. 定性预测法

1）德尔菲法

德尔菲法是一种依靠管理者或专家主观判读的预测方法。在人力资源规划中，此方法既可以用于人力资源需求预测方面，也同样适用于人力资源供给预测。这种方法具有方便、可信的优点，并且在资料不完备、用其他方法难以完成的情况下能够成功进行预测。

关于德尔菲法的具体过程，可参见人力资源需求预测部分。

2) 替换单法

有的文献也把替换单法叫作替换图法、接续计划法或人员接替法，此方法是根据组织人力资源的现状分布以及对员工潜力评估的情况，对组织实现人力资源供给和接替。在组织现有人员分布状况、未来理想人员分布和流失率已知的条件下，由空缺的待补充职位的晋升量和人员补充量即可知人力资源供给量。这种方法主要适合于组织中管理人员的供给预测工作，组织内部的人员调动必然会使管理层职位出现空缺，而往往对管理层空缺职位的补充都是从下一级员工中提拔的。因此，在职位空缺前用替换单法制订出人员接续计划，就起到了未雨绸缪的作用。很多国外大型企业都采用这种人力资源供给预测方法。替换单法最早应用于人力资源供给预测，后来也应用于需求预测。

应用此方法时首先要确定需要接续的职位，接着确定可能接替的人选，并对这些人选进行评估，判断其是否达到提升要求，再根据评估结果，对接替的人选进行必要的培训。

2. 定量预测法

1) 马尔可夫模型

马尔可夫(Markov)模型是用来预测具有等时间间距(如一年)的时刻点上各类人员的分布状况。即运用历年数据推算出各个工作岗位汇总人员变动概率，找出过去人力资源变动的规律，从而推测出未来人员变动情况的一种方法，其基本假设是组织中员工流动方向与概率基本不变。马尔可夫模型实际上是通过建立一种转换概率矩阵，运用统计技术预测未来人力资源变化的一种方法，在假设组织中员工流动的方向与概率基本保持不变的基础上，收集处理大量具体数据，找出组织内部过去人员流动的规律，从而推测未来组织人力资源的变动趋势。这种方法目前广泛应用于组织的人力资源供给预测上，可以为组织提供精确的数量信息，有利于作出有效决策。

2) 目标规划法

目标规划法是一种容易理解的，具有高度适应性的预测方法。其指出了员工在预定目标下为最大化其所得是如何进行分配的。目标规划是一种多目标规划技术，其基本思想源于西蒙的目标满意概念，即每一个目标都是一个要达到的标靶或目标值，然后使距离这些目标的偏差最小化。当类似的目标同时存在时，决策者可确定一个应被采用的有限顺序。

上述四种人力资源供给预测方法各有优劣，使用德尔菲法和替换单法简单易行，但是预测结果具有强烈的主观性和模糊性，准确性较差。马尔可夫模型和目标规划法能够为组织提供精确的数据，准确性高，但是在运用时，必须调配广泛的资源，以找到公式所需的全部参数，因此实时性较差。但在实际应用中，组织可以根据自身规模的大小、周围环境的条件以及规划预测重点的不同，对四个评价方面予以不同的权重，选择最适合自己的一种预测方法，也可将几种预测方法建立一个组合系统进行预测。

(三) 人力资源供给预测的程序

人力资源供给预测的内容分为内部供给预测和外部供给预测两方面，具体步骤如下。

（1）进行人力资源盘点，了解组织人力资源分布现状；根据组织的职务调整策略和历史员工的调整数据，统计需要调整的员工比例。

（2）向各部门的人事主管了解可能出现的人事变动，包括员工自然流失和人员流动情况。

（3）将需要调整的人员比例及人事变动情况进行汇总，得出组织内部人力资源供给总量预测。

（4）分析影响外部人力资源供给的地域性因素，包括组织所在地域的人力资源整体现状、供求现状、对人才的吸引程度；组织本身能够为员工提供的薪酬、福利对人才的吸引程度。

（5）通过影响组织外部人力资源供给地域性及全国因素的分析，预测组织外部人力资源供给总量。

（6）汇总组织内部及外部人力资源供给预测总量，得出组织的人力资源供给预测。

任务演练

制订企业人力资源规划方案如表1-3所示。

表1-3　制订企业人力资源规划方案

任务编号：1-2	建议学时：4课时
实训地点：校内专业实训室	小组成员姓名：
一、任务描述 1. 演练任务：制订企业人力资源规划方案； 2. 演练目的：认识制订人力资源规划方案需要注意的关键点； 3. 演练内容：为某企业制订人力资源规划方案	
二、相关资源 1. 请以"制订人力资源规划方案"为关键词查询相关网络资料； 2. 进入豆丁、百度等常用网站，搜索、浏览一些完整的企业人力资源规划方案	
三、任务实施 1. 完成分组，4～6人为一小组，选出组长； 2. 围绕制订人力资源规划方案这一主题，学生查询资料，进行整理和分析，提交任务单； 3. 小组撰写PPT，选出代表进行汇报	
四、任务成果 参考内容 人力资源规划方案参考	

续表

（一）方案介绍

（二）方案关键点

（三）过程点评

（四）总结

五、任务执行评价

任务评分标准

序号	考核指标	所占分值	备注	得分
1	完成情况	10	在规定时间内完成并按时上交	
2	内容	50	内容丰满、图文并茂、PPT精美	
3	点评质量	40	准确分析其在方案制作的流程、关键点方面的把握与体现，有自己的观点	
			总　分	

指导教师：

日期：　年　月　日

扫码下载任务单

活页笔记

学习过程

重、难点记录

学习体会与收获

模块二 工作分析

导 读

工作分析是对工作岗位的内容、任职资格及工作关系等进行研究的过程，是人力资源管理各项工作的基础，为后期的员工招聘与培训、考评及人力资源规划等其他工作提供重要依据。

通过本模块的学习，能够使同学们充分认识工作分析活动的重要性；熟悉常用的工作分析方法，并能够掌握甚至编写不同岗位的工作描述和工作说明书。

知识目标

- 掌握工作分析的含义。
- 掌握工作分析的方法。
- 掌握工作说明书的框架结构。

能力目标

- 能够掌握工作分析的方法。
- 能够拟定撰写工作说明书。
- 能够制作PPT并进行演讲汇报。

素质目标

- 培养学生收集、筛选、整理资料的能力。
- 培养学生判断分析能力和敏锐的观察力。
- 培养学生系统思考和独立思考能力。
- 培养学生良好的表达能力。
- 培养学生良好的团队协作能力。

任务一　工作分析的方法选择

案例引入

职责描述不清引发的"工作真空"

知识链接

一、工作分析的含义

工作分析又称职务分析、岗位研究,是指对某个特定的职务做出明确规定,从而使其他人了解该职位的工作性质、责任、任务以及从事该工作的工作人员所应具备的条件,这是一项重要的人力资源管理技术。一般来说,工作分析所要解决的问题以及需要具体研究的事宜,可以概括为 6W1H。①Who:谁来完成这项工作;②What:这项工作具体是干什么的;③When:工作时间的具体安排;④Where:工作地点具体在哪里;⑤Why:从事该工作的目的;⑥For Whom:工作的服务对象,即为谁工作;⑦How:如何进行这些工作。

通常以下三种情况出现时需要进行工作分析:一是新组织建立时,需要做工作分析;二是工作性质由于新技术、新方法、新系统的产生而发生重要变化,需要做工作分析;三是新职位产生时,帮助新职位员工了解该岗位相关内容,需要做工作分析。

二、工作分析的内容

工作分析的内容基本分为两部分,即工作描述和工作规范。通过工作描述和工作规范形成工作说明书。

1. 工作描述

工作描述需要具体说明该职位的工作内容、特点及工作环境等,主要包括职位的名称、工作的职责、工作内容的要求、工作时间的要求、工作的场所以及工作条件等内容。

2. 工作规范

工作规范主要根据工作描述的内容,指出从事该工作的人员必须具备的各项要求,具体内容如下。

（1）一般要求：指从事该工作所需要的年龄、性别、学历、工作经历等。

（2）生理要求：指该工作对其从事人员的身体状况和身体素质方面的要求。

（3）心理要求：指工作中所应具备的心理素质要求，包括事业心、合作能力、观察力、记忆力、判断力、领导能力、组织能力、沟通能力、语言表达能力和决策能力等。

三、工作分析的作用

工作分析有助于企业在人力资源管理中进行分析制度和任职资格制度，能够为人力资源管理具体工作起到支持作用，主要体现在以下几个方面。

1. 工作分析为人员的招聘录用提供了明确的标准

由于工作分析对各个职位所必需的任职资格条件作了充分分析，在招聘录用过程中就有了明确的标准，减少了主观判断的成分，有利于提高招聘录用的质量。

2. 工作分析为制订薪酬政策奠定了基础

工作分析对各个职位承担的责任、从事的活动、要求的资格等做出了具体描述，企业可以根据各职位在企业内部相对重要性的大小给予不同的报酬，确保薪酬的内部公平性和合理性。

3. 工作分析为人员的培训开发提供了依据

通过工作分析，确定工作要求，根据实际工作需要和参加人员的不同情况有区别、有针对性地安排培训内容和方式方法。在培训结束之后，也可以结合工作分析对培训效果进行评价。

4. 工作分析为制订员工职业发展规划提供了依据

现代企业的员工越来越注重自我发展。职业生涯的设计也成为高科技企业的流行趋势，通过工作分析得到的相关信息正是企业、个人发展的目标及检验标准，在此基础上制订员工职业发展规划，更具现实意义。

5. 工作分析为人力资源规划提供了必要的信息

通过工作分析可以对企业内部各个职位的工作量进行科学的分析判断，从而为职位的增减提供必要的信息。此外，工作分析对各个职位任职资格的要求也有助于企业进行人力资源的内部供给预测。

6. 工作分析为科学的绩效管理提供了帮助

工作分析是事前分析，具有高透明度，体现公平、公正、公开的原则，通过对职务、工作任务、工作范围、工作职责进行客观描述，对聘用条件包括工作时数、工资结构、支付工资的方法、福利待遇、该工作在组织中的地位、晋升机会、培训机会等都做出明确的要求，使每个职位从事的工作及所要达到的标准都有了明确的界定，为绩效考核提供明确的标准，减少评价的主观因素，提高了考核的科学性。

7. 工作分析促进企业的组织结构更加合理

工作分析根据企业的性质及状况主动分析企业的组织机构层次，分析企业是适合金字塔式的多层次组织机构，还是适合扁平式的组织机构；分析每一层面主管及副职的结构；每个层面的管理范围等。同时从人员结构上规划企业所需各级与各类人员的比重、数量和技能要求等。

四、工作分析的流程

工作分析要有计划、有步骤地按照一定的流程进行,主要包括六个阶段,分别是准备阶段、调查阶段、分析阶段、描述阶段、运用阶段和控制、评估阶段。各阶段彼此相互联系、相互影响。工作分析流程图如图 2-1 所示。

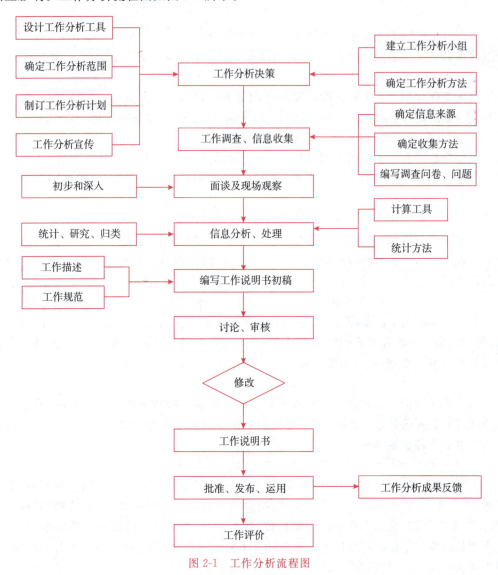

图 2-1 工作分析流程图

1. 准备阶段

准备阶段是工作分析的第一阶段,主要任务是确定工作分析的目的、确定工作分析的信息搜集类型和范围、建立工作分析计划、成立工作分析小组、对工作分析人员进行相关培训,具体内容如下。

(1) 确定工作分析的目的。有了明确的目的,才能正确确定分析的范围、对象和内容,规定分析的方式方法并厘清应当收集的资料、收集的途径及方式方法。

(2) 确定工作分析收集的信息类型和收集方法,工作分析所需信息的主要类型如表 2-1 所示,以节约时间、精力和费用。

表 2-1　工作分析所需信息的主要类型

1. 工作活动 (1) 工作任务的描述; (2) 与其他工作和设备的关系; (3) 进行工作的程序; (4) 承担这项工作所需要的行为; (5) 动作与工作的要求	2. 工作中使用的机器、工具、设备和辅助设施 (1) 使用的机器、工具、设备和辅助设备的清单; (2) 应用上述各项加工处理的材料; (3) 应用上述各项生产的产品; (4) 应用上述各项完成的服务
3. 工作条件 (1) 工作环境; (2) 组织的各种有关情况; (3) 社会背景; (4) 工作进度安排; (5) 激励(包括精神激励和物质激励)	4. 对员工的要求 (1) 与工作有关的特殊要求; (2) 特定的技能; (3) 特定教育和训练背景; (4) 与工作相关的工作经验; (5) 身体特征; (6) 态度

(3) 建立工作分析计划。工作分析计划包括整个工作的进程、企业内进行分析的各个职务的名称和任职者人数、预计需要工时和分析人员人数、所需费用、其他条件(包括在工作分析过程各个环节的责任划分等)。

(4) 建立工作分析小组。小组成员通常由下面几类人员构成:一是企业的高层领导;二是工作分析人员,主要由人力资源管理专业人员和熟悉本部门情况的人员组成;三是外部专家和顾问等。他们具有丰富经验和专门技术,可以对工作分析过程给予客观、公正和科学的评价。

(5) 对工作分析人员进行培训。为保证工作分析的效果,还要由外部专家和顾问对本企业参加工作分析的小组成员进行业务上的培训。

(6) 做好相关准备:①确定工作分析信息的用途;②收集与工作有关的背景信息;③选择有代表性的工作进行分析;④收集工作分析信息;⑤同承担工作的人共同审查所收集到的工作信息;⑥编写工作说明书。

2. 调查阶段

调查阶段是工作分析的第二个阶段,主要任务是对整个工作过程、工作环节、工作内容及工作人员等方面做一个全面调查。具体工作内容如下。

(1) 编写调查问卷和调研提纲。具体内容包括工作内容、工作职责、就职经验及相关知识、适岗年龄、所需教育程度、学习要求和技能训练的要求、与其他工作的联系、作业姿势、工作环境、作业对身体的影响、所需的心理品质、工作劳动强度等。

(2) 到工作场地进行现场调查,观察工作流程,记录关键时间,调查工作必须要用的工具与设备,考察工作的物理环境和社会环境。在收集信息时,可以收集企业的组织结构图、工作流程图、设备维护记录、设备设计图纸、工作区的设计图纸、培训手册和以前的职务说明书,这些信息对工作分析都有着很重要的参考价值。

(3) 对主管人员、在职人员广泛进行问卷调查,并与主管人员、员工代表进行面谈,搜集有关工作的特征和需要的各种信息,征求改进意见,同时做好面谈记录。

（4）必要时工作分析人员可直接参与调查工作,或通过实验的方法分析各因素对工作的影响。

（5）分析人员在收集信息的过程中,应该让任职者和直属上司确认所收集到的材料真实、完整,使任职者易于接受人力资源部门根据资料调整现有的工作描述和工作规范。

3. 分析阶段

分析阶段的主要任务是对有关工作和工作人员的特征等调查结果进行深入总结分析,包括职务名称分析、职务规范分析（对工作任务、工作责任、工作关系及劳动强度的分析）、工作环境分析（对工作安全环境、社会心理环境等的分析）和任职资格分析（对任职者所必备的知识、经验、操作能力和心理素质的分析）,具体工作如下。

（1）整理资料。将收集到的信息按照工作说明书的各项要求进行归类整理,看是否有遗漏的项目,如果有,要返回上一个步骤,继续重新进行调查收集。

（2）审查资料。资料进行归类整理之后,工作分析小组的成员要对所获得的工作信息的准确性、真实性进行审查,如有疑问,需要找相关工作人员进行核实,或者返回上一个步骤,重新进行调查。

（3）分析资料。如果收集到的资料没有问题,就要对这些资料进行深入分析、归纳总结,分析必需的材料和要素,揭示各个职位的主要成分和关键因素,在分析过程中,应遵循以下三个基本原则。

① 对工作活动应当进行分析,而非简单罗列。工作分析是反映职位上的工作情况,但不是直接的反映,需要经过一定的加工。分析时,应当将某项职责分解为几个重要的组成部分,然后将其重新组合,而非对任务或活动的简单罗列。

② 对岗不对人。工作分析应该只关心职位本身的情况,而不是任职者的任何情况。

③ 分析时应以当前的工作为依据。工作分析的任务是为了获取某一特定时间内的职位情况,因此应该以当前的工作现状为基础进行分析,而不能把自己的设想或臆测强加到工作分析当中,尽可能地确保分析的公平性和客观性。

4. 描述阶段

仅研究和分析完一组工作,并未真正完成工作分析,分析人员必须将获得的信息予以整理并写出报告。通常工作分析所获得的信息以下列方式进行描述。

（1）文字说明方式。将工作分析获得的资料以文字说明的方式进行描述,列举工作名称、工作内容、工作设备与材料、工作环境与工作条件等。

（2）工作列表及问卷方式。对工作的内容及活动分项排列,让实际从事工作的人员对其进行评判,或填写分析所需时间及发生次数,了解工作内容。列表或问卷等形式均可。

（3）活动分析方式。实质就是作业分析,通常是把工作的活动按工作系统与作业顺序一一列举,然后根据每一项作业进一步加以详细分析。活动分析多以观察或面谈的方法对现有工作加以分析,所有资料均可作为教育及训练的参考。

（4）决定因素法方式。把完成某项工作的几项最重要行为加以罗列,从积极方面说明工作本身特别需要的因素,从消极方面说明亟待排除解决的因素。以简短清晰的字句撰写说明式的报告初稿。

5. 运用阶段

运用阶段是对工作分析的验证，只有通过实践的检验，工作分析才具有可行性和有效性；才能不断适应外部环境的变化，从而不断完善工作分析的运行程序。该阶段的工作主要由两部分构成。

（1）培训工作分析的人员运用。这些人员在一定程度上影响着程序分析运行时的准确性、运行速度和费用。因此，培训运用人员可以增强管理活动的科学性和规范性。

（2）确定各种具体的应用文件。

6. 控制、评估阶段

控制阶段贯穿于工作分析的始终，是一个不断调整的过程。随着时间的推移，任何事物都在变化，企业的生产经营活动也在不断变化当中，这些变化直接或间接引起企业分工协作体制发生相应的调整，相应地也将引起工作的变化。因此，应当定期或者不定期地对工作说明书进行适当修改，通常至少一年需要修改一次。

对工作分析的评估可以通过对工作分析的灵活性和成本收益的权衡来说明。工作分析工作越细致，所需花费的成本就越高，在职务分析的细致程度方面就需要实行最优化，从而简化人力资源管理的许多不必要的工作。但这也存在一个明显的缺点，即容易让员工对公司的报酬公平性产生怀疑。因此到底采用何种方法，取决于企业所面临的特定环境。

五、工作分析的方法

1. 工作实践法

工作实践法就是工作分析人员亲自从事所要研究的工作，从而细致深入地了解、体验和分析工作的特点和要求，以达到工作分析的目的的方法。采用这种方法获取信息应该注意以下几个方面的问题。

（1）参加亲身体验工作的工作岗位必须是工作分析人员所能够理解和从事的。

（2）工作分析人员在进行工作实践时，不能给实际工作造成障碍。

（3）较危险的工作岗位或者具有一定安全性、保密性的岗位不适合采用工作实践法。

（4）对工作岗位的工作实践要保证一定的周期，以对岗位的相关信息有完整的认识。

工作实践法的优点和局限性具体如下。

1）工作实践法的优点

（1）直接、准确了解工作的实际任务和体力、环境、社会方面的要求。

（2）信息可靠性高。

（3）可以弥补不善表达的员工对于岗位信息提供的不足。

（4）可以收集到观察法不能体会到的内容。

2）工作实践法运用的局限性

（1）时间成本高，效率低下。

（2）对于岗位分析人员的专业性要求太高，许多岗位根本无法亲身体验。

（3）体验周期和实践都不容易确定。

2. 观察法

观察法是一种典型的以工作为中心的方法，是指有关工作分析人员直接到现场，亲自对一个或者多个工作人员的工作行为进行观察、收集、记录等，包括有关工作的内容、工作时间的相互关系、人与工作的作用、工作环境、工作条件等信息。

观察法的使用原则：一是被观察的工作应相对静止、稳定，即在一定的时间内，工作内容、工作程序以及对工作人员的要求不会发生明显变化；二是适用于大量标准化、周期较短的并以体力劳动为主的工作，不适用于脑力劳动为主的工作；三是要注意工作行为样本的代表性。某企业生产车间的工作分析观察提纲如表 2-2 所示。

表 2-2 某企业生产车间的工作分析观察提纲

被观察者姓名：	日期：
观察者姓名：	观察时间：
工作类型：	工作部门：
观察内容：	
1. 什么时候开始正式工作：	9. 每次交谈约　　分钟
2. 上午工作多少小时：	10. 室内温度：
3. 上午休息几次：	11. 喝了几次水：
4. 第一次休息时间是从　　到	12. 什么时候开始午休
5. 第二次休息时间是从　　到	13. 搬了多少原材料：
6. 上午完成产品　　件	14. 生产了多少产品；
7. 平均多长时间完成一件产品：	15. 出了多少次品：
8. 与同事交谈几次：	16. 噪声是多少分贝：

1) 观察法的优点

（1）操作较灵活，简单易行。

（2）直观、真实，能给岗位分析人员以直接的感受，所获得的信息资料比较准确。

（3）可以广泛了解信息，如工作活动内容、工作中的正式行为和非正式行为等。

2) 观察法运用的局限性

（1）时间成本很高，效率低下。

（2）观察周期不易确定，对于生产操作岗位较适合，但对于管理岗位和技术岗位不适合。

（3）由于专业所限，工作分析人员不能准确地对所有观察到的信息作出正确的判断。

（4）关于任职人员的任职资格条件是不能由观察得出的。

（5）在观察中，被观察者的行为可能与平时不一致，进而影响观察结果的可信度。

3. 访谈法

访谈法是一种通过分析者与任职者之间面对面交谈从而获得工作信息、达到工作分析目的的方法。通常员工对自己所承担的工作最为了解，对工作情况最有发言权，因此，访谈法是收集工作分析信息的一种行之有效的方法。但在使用该方法时，工作分析者不应只简单消极地记录工作执行者对各种问题的反映，更应通过积极的引导来获得较为完整的信息。

访谈法主要包括个别访谈法、集体访谈法和主管访谈法三种。

微课：访谈法

个别访谈法适用于各个员工的工作有明显差别,工作分析的时间又相对充裕的情况。

集体访谈法适用于大量员工做相同或相似工作的情况,以一种迅速且代价相对较小的方式了解到工作的内容和职责等情况。在进行集体访谈时,还要请工作承担者的主管到场。如果当时不能到场,事后也应该单独进行访谈,听取他们对被分析工作所包含的任务和职责等方面的看法。

主管访谈法是指同一个或多个主管面谈,了解所要分析工作的基本情况。主管对于工作内容通常都有全面的了解,与主管面谈可以节省工作分析的时间。

访谈时应注意以下几个方面。

(1) 合理选取访谈对象。由于在工作分析的实践中,进行全员访谈的可能性很小,因此要认真选取访谈对象,并对重点访谈对象的访谈活动要有计划、分层次地进行。

(2) 访谈要取得访谈对象的积极配合,事先要向对方说明访谈的目的和程序,保持访谈气氛的轻松、融洽、顺利和高效。

(3) 采取结构化访谈方式,提前制订访谈提纲,便于结果的统计整理。

(4) 访谈时间点的选择,以及访谈的时间长度要合理。在访谈时间点的选取上,尽量选择访谈对象相对轻松的时间,不要干扰其正常工作。

(5) 访谈者的提问与表达要保持中立,不要介入和引导被访谈者的观点。工作分析访谈常用问题如表2-3所示。

表2-3 工作分析访谈常用问题

类 型	常 用 问 题
基本信息类	1. 您所在的岗位名称是什么? 2. 本岗位属于哪个部门?部门主管是谁? 3. 您从事本岗位多长时间?您在本单位工作了多长时间? 4. 您参加工作多长时间?是否一直从事本岗位相关工作?
任职条件类	1. 您认为从事本岗位工作需要什么样的学历水平? 2. 您认为从事本岗位工作需要什么样的经验水平? 3. 您认为从事本岗位工作需要什么样的专业技术水平? 4. 您认为从事本岗位工作还需要什么样的能力特点? 5. 您在学历、经验、专业技术水平及能力方面的现状是什么?
岗位职责类	1. 您所负责的日常工作有几大方面? 2. 这几方面工作中最核心的工作是什么? 3. 这几方面工作难度的最大限度是什么? 4. 您所在的岗位还管辖哪些岗位? 5. 除了对本岗位工作负责外,哪些工作出了问题也需要您来负责? 6. 您的工作是定时的还是不定时的?是否存在负荷不均?
沟通关系类	1. 您对谁直接负责?对谁间接负责? 2. 您管理的人员和岗位有哪些? 3. 在本部门内部,与您合作密切的岗位是什么? 4. 在本单位内,与您合作密切的跨部门岗位是什么? 5. 您是否需要与本单位以外的单位发生直接联系?双方关系是什么?

续表

类 型	常 用 问 题
工作条件类	1. 您从事本岗位工作在室内外工作时间的比例如何？ 2. 您在工作中是否采用比较舒适的工作状态？ 3. 您主要使用脑力还是体力劳动？ 4. 本岗位工作使用什么样的设备？ 5. 本岗位工作环境中存在什么样的不良因素？ 6. 从事本岗位工作是否会患职业病？比如哪些？

1) 访谈法的优点

（1）互动性强。面对面的交流能够增加反馈，更深入了解问题。

（2）可以唤起工作者的职责意识，规范其行为，从而有利于以后工作描述的推行。

2) 访谈法存在的缺点

（1）这种方法比较浪费时间，效率不高，如果访谈对象数量很多则更难操作。

（2）在不熟悉描述工作的情况下，可能被访谈对象误导，从而出现信息收集的偏差。

（3）访谈法对操作者的要求较高，而且结果不易统计对比。

（4）访谈法经常会影响被访谈者的正常工作。

4. 问卷法

问卷法是工作分析中最常用的一种方法，采用问卷或者调查表的形式获取工作分析中的信息，实现工作分析的目的。问卷既可以是封闭式的，也可以是开放式的。问题大多要求被调查者对其各种工作行为、工作特征和工作人员特征的重要性或频率作出描述或打分，然后对结果进行统计与分析，找出共同的有代表性的回答，并据此写出工作描述，如表2-4所示。

表2-4 推销员工作分析调查表

姓名：　　　　工作名称：　　　　所属部门：
请准确回答下列问题。
1. 主要职责
从事该工作，每天需要完成哪些任务，承担什么责任？
2. 经验
从事该工作，应具备哪些工作经验？
3. 培训
从事该工作，应进行哪些方面的培训，才能有助于工作的开展？
4. 能力
从事该工作，以下哪些能力必不可少？
A. 口头表达能力　　　　B. 明晰的思维能力
C. 良好的体魄　　　　　D. 创造力　　　　E. 其他＿＿＿＿
5. 与客户的联系
从事该工作，应多长时间和客户联系一次？
6. 责任
从事该工作，产品销售以前和销售出去以后，对产品、客户应承担哪些责任和义务？
7. 特长
从事该工作，哪些品质尤其重要？

1）问卷法的优点

问卷法是进行岗位分析时运用得最广泛的一种方法，主要是基于以下优点。

（1）收集信息量大且速度较快，可以实现短时期内获取大量岗位信息的目的。

（2）标准统一、便于统计分析、针对性强，易于发现普遍规律性问题。

2）问卷法的不足

（1）问卷设计难度较大，要想了解不同岗位和人员的特点，对设计者的要求非常高。

（2）有些问卷对阅读能力要求较高，限制了问卷的适用范围，也影响了使用效果。

（3）没有互动反馈，对于开放式问题的反应并不好，不能够深入了解问题，且容易遗漏信息。

5. 工作日志法

工作日志法是由任职人员将每天的工作情况以日记的形式记录下来，并记录相关的责任、权利、人际关系、工作负荷及感受等，在此基础上进行综合整理。这种方法能完整记录整个工作程序。表 2-5 为工作日志填写实例。

表 2-5　工作日志填写实例

8月1日　　　　　　　　　　　工作开始时间 8:30　　　　　　　　　工作结束时间 17:30

序号	工作活动名称	工作活动内容	工作活动结果	时间消耗	备注
1	复印	协议文件	4 张	6 分钟	存档
2	起草公文	贸易代理委托书	800 字	1 小时 15 分钟	报上级审批
3	贸易洽谈	玩具出口	1 次	4 小时	承办
4	布置工作	对日出口业务	1 次	20 分钟	指示
5	会议	讨论东欧贸易	1 次	1 小时 30 分钟	参与
⋮					
16	请示	佣金数额	1 次	20 分钟	报批
17	计算机录入	经营数据	2 屏	1 小时	承办
18	接待	参观	3 人	1 小时	承办

1）工作日志法的优点

（1）工作日志是工作状态的忠实记录，因此资料来源比较可靠。

（2）工作记录本身非常翔实，提供的信息充分。

2）工作日志法的不足

（1）需要积累的周期较长、时间成本高。

（2）资料口径可能与工作分析的要求有出入，整理时工作量较大。

（3）工作日志往往有夸大的倾向，不利于信息的收集。

学习资源

正太公司工作分析计划书

任务演练

工作分析的方法选择如表 2-6 和表 2-7 所示。

表 2-6　工作分析的方法选择

任务编号:2-1	建议学时:4 课时
实训地点:校内专业实训室	小组成员姓名:

一、任务描述

1. 演练任务:工作分析的方法选择;
2. 演练目的:认识工作分析方法的科学性、适应性和综合性;
3. 演练内容:每人收集某企业组织的工作分析案例,分析案例的实际含义,写出该企业工作分析方法选择的分析报告(不少于 500 字)。

二、相关资源

1. 以"工作分析方法"为关键词查询相关网络资料;
2. 进入中国人力资源开发网,浏览案例。

三、任务实施

1. 完成分组,4~6 人为一小组,选出组长;
2. 围绕工作分析方法选择这一主题,查询资料,进行整理和分析,提交任务单;
3. 小组撰写 PPT,选出代表进行汇报。

四、任务成果

(此处填写分析报告)

(一)案例简介

(二)案例分析

(三)总结

五、任务执行评价

任务评分标准

序号	考核指标	所占分值	备注	得分
1	完成情况	10	在规定时间内完成并按时上交	
2	分析内容	40	内容丰满、分析明晰、问题合理	
3	分析报告质量	50	分析全面,结论正确	
		总　分		

指导教师:

日期:　　年　月　日

表 2-7 工作分析的方法选择(任务单示例)

任务编号:2-2	建议学时:4 课时
实训地点:校内专业实训室	小组成员姓名:

一、任务描述
1. 演练任务:工作分析的方法选择;
2. 演练目的:认识工作分析方法的科学性、适应性和综合性;
3. 演练内容:每人收集某企业组织的工作分析案例,分析案例的实际含义,写出该企业工作分析方法选择的分析报告(不少于 500 字)

二、相关资源
1. 以"工作分析方法"为关键词查询相关网络资料;
2. 进入中国人力资源网,浏览案例

三、任务实施
1. 完成分组,4~6 人为一小组,选出组长;
2. 围绕工作分析方法这一主题,查询资料,进行整理和分析,提交任务单;
3. 小组撰写 PPT,选出代表进行汇报

四、任务成果
(此处填写分析报告)
(一)案例简介

一个员工工作分析的案例

某公司有十几个业务员,这些业务人员的素质相差不大,但业绩却相差很多。其中最明显的两个人是员工小王和员工小李,小王的绩效居然比小李的多五倍,但奇怪的是,在一份对全体员工摸底调查的问卷中,大家却一致认为小李比小王更吃苦、更认真。于是人力资源部经理对两个人做了一周的跟踪调查。

公司规定的上班时间是 8:30 至 17:30,中午休息一个小时。一周跟踪下来的情况如下:小王平均是 8:21 到公司,而小李是 8:05 就到了公司;对小王、小李的专业业务掌握进行了综合测试,小李得分 91,而小王得分 84;对两人的人际关系能力进行了测试,小李得分 89,小王得分 81。

小李各方面得分都很高,但他的业绩却和小王相差很远,人力资源部经理通过走访调查分析发现,首先小李在电话预约客户时间方面存在问题,他打电话开拓新客户的时间,正好是多数公司客户负责人外出办事的时间,而小王打电话预约客户的时间,很多人还都在公司里没有出门。还有就是小李走访客户时,通常没有进行事先预约,所以成功率自然低;而小王的走访都是事先预约过的。基于以上两点,人力资源部经理就找到小王、小李业绩差距明显的症结所在了。

根据这一结论,人力资源部经理让小李先调整工作时间的分配,采用小王的工作时间安排方式。调整后,经过一周的磨合,到了第二周,小李的成功率有了明显的提升。电话开拓新客户的数量为每天 36 个,成功数上升了 22 个,客户走访量仍然是 5 家,成功率上升到 4 家。两个月后,小李的业绩已经达到小王的 90%。

(二)案例分析

企业的人力资源管理,就是要对员工的工作行为进行跟踪记录,并在此基础上进行科学分析,来调整和引导员工的工作行为,在行为习惯中形成企业的管理文化。本案例的工作分析收集信息方法主要采用工作实践法和观察法,收集信息如下表所示。

续表

工作分析所需信息的主要类型	
1. 工作活动 （1）工作任务的描述 （2）与其他工作和设备的关系 （3）进行工作的程序 （4）承担这项工作所需要的行为 （5）动作与工作的要求	2. 工作中使用的机器、工具、设备和辅助设施 （1）使用的机器、工具、设备和辅助设备的清单 （2）应用上述各项加工处理的材料 （3）应用上述各项生产的产品 （4）应用上述各项完成的服务
3. 工作条件 （1）工作环境 （2）组织的各种有关情况 （3）社会背景 （4）工作进度安排 （5）激励（包括精神激励和物质激励）	4. 对员工的要求 （1）与工作有关的特殊要求 （2）特定的技能 （3）特定教育和训练背景 （4）与工作相关的工作经验 （5）身体特征 （6）态度

（三）总结

收集工作分析信息的方法很多，可以分为两大类：以工作为中心的方法和以人为中心的方法。但没有一种能够提供一份完整的信息，对于不同规模、不同类型的组织，应有针对性地选用不同的方法或者多种方法综合使用。

五、任务执行评价

任务评分标准

序号	考核指标	所占分值	备注	得分
1	完成情况	10	在规定时间内完成并按时上交	
2	分析内容	40	内容丰满、分析明晰、问题合理	
3	分析报告质量	50	分析全面，结论正确	
总 分				

指导教师：

日期： 年 月 日

扫码下载任务单

活页笔记

学习过程

重、难点记录

学习体会与收获

任务二 工作说明书的编写

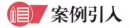 案例引入

"招聘专员"工作说明书

 知识链接

一、工作说明书的概念

工作分析直接的成果就是工作说明书。工作说明书作为组织重要的文件之一,是指用书面形式对组织中各类岗位、职位的工作性质、工作任务、责任、权限、工作内容和方法、工作环境和条件,以及本职位任职资格条件所做的统一要求。它全面说明任职者应做些什么、如何去做和在什么样的条件下履行其职责。工作说明书包括工作描述和工作规范。

二、工作说明书的编写步骤

(一) 工作信息的初步调查

浏览已有工作信息相关文件,对分析工作的主要内容、职责、工作流程图等有大致的了解。

(二) 现场观察

目的是使分析人员熟悉工作现场的环境,了解工作使用的工具、设备、机器,一般的工作条件及主要职责。由于部门主管比较熟悉情况,能随时回答分析人员的提问,因此观察时最好有部门主管陪同。

(三) 拟定工作调查单

将要收集的有关工作信息事项尽可能详尽地列成调查单,编写时,要考虑到使用的方便性与实用性。

(四)进行工作调查

(1)现场调查。通过观察和询问,工作分析人员将每个职位的工作情况如实进行填写。

(2)面谈。现场调查不便的,或为更详细地了解情况,可请有关人员进行面谈,由工作分析人员根据工作调查单边询问边填写,这样有利于提高收集资料的质量。如果为了不影响工作,也可以利用休息时间填写调查单。

(五)整理资料

对工作调查单进行整理,编写成工作说明书,在整理过程中,如对有些工作情况仍不清楚或有遗漏的,可再重新调查。

(六)审核及定稿

将工作说明书发给工作执行人员、分析人员、管理人员进行审核,要求审核人员根据事实逐字逐句进行审核,并进行逐级审核,即由每一职位的上级主管审核,并保证每一个职位至少由三人审核,如有异议可暂停并进行讨论,直到意见统一后,方可编写工作说明书和工作规范两套文件,并就形式等方面问题再一次征求意见后最终定稿。

三、工作说明书的编写内容

收集完整、准确的工作信息并进行认真分析后,下一步就是编写工作说明书。

微课:工作说明书的编写要求

(一)工作描述的编写

工作描述就是确定工作的具体特征,包括以下内容。

(1)工作名称,指组织对从事一定工作活动所规定的工作名称或编号,以便对各种工作进行识别、登记、分类及确定组织内外的各种工作关系。

(2)工作活动和工作程序,包括所要完成的工作任务、工作责任、使用的原材料和机器设备、工作流程、与其他人的正式工作关系、接受监督及进行监督的性质和内容。

(3)工作环境,包括工作的物理环境、安全环境和社会环境。

物理环境即湿度、温度、照明度、噪声、异味、粉尘、空间等因素,以及工作人员每日与这些因素接触的时间。

安全环境主要是工作的危险性,可能发生的事故,过去事故的发生率、事故的原因及对执行人员身体的哪些部分容易造成危害及危害程度,劳动安全卫生条件,易患的职业病、患病率及其危害程度。

社会环境包括工作所在地的生活方便程度、工作环境的孤独程度、各部门之间的关系、同事之间的关系等。

(4)聘用条件,包括工作时数、工资结构、支付工资的方法、福利待遇、该职务在组织中的正式位置、晋升的机会、工作的季节性、进修的机会等。

（二）工作规范的编写

工作规范又称岗位规范或任职资格，是指任职者要胜任该项工作必须具备的资格与条件，包括以下几方面内容。

（1）时间规则：对作息时间、考勤办法、请假程序、交接要求等方面所做的规定。

（2）组织规则：企业单位对各个职能、业务部门以及各层组织机构的权责关系，指挥命令系统，所受监督和所施监督，保守组织机密等项内容所做的规定。

（3）岗位规则：对工作对象的特点、操作程序、职业道德等所提出的各种具体要求，包括岗位名称、技术要求、上岗标准等项具体内容。

（4）协作规则：企业单位对各个工种、工序、岗位之间的关系，上下级之间的连接配合等方面所做的规定。

（5）行为规则：对员工的行为举止、工作用语、着装、礼貌礼节等所做的规定。这些规则的确立和贯彻执行，将有利于维护企业正常的生产、工作秩序，监督劳动者严格按照统一的规则和要求履行自己的劳动义务，按时保质保量地完成本岗位的工作任务。

（6）定员定额标准：即对企业劳动定员定额的制订、贯彻执行、统一分析，以及修订等各个环节所做的统一规定。包括编制定员标准、各类岗位人员标准、时间定额标准、产量定额标准或双重定额标准等。

（7）岗位培训规范：即根据岗位的性质、特点和任务要求，对本岗位员工的职业技能培训与开发所做的具体规定。

（8）岗位员工规范：即在岗位系统分析的基础上，对某类岗位员工任职资格以及知识水平、工作经验、文化程度、专业技能、心理品质、胜任能力等方面所做的统一规定，也就是员工在执行工作时所需要具备的知识、技术、能力和其他特征的清单。

四、工作说明书的编制要点

编写工作说明书的时候，是对职位的工作内容进行描述，而不是对任职者的现有工作进行描述，因为工作分析的要点之一，就是"对岗分析，而不是对人分析"，以"事"为中心而不是以"人"为中心。工作说明书应用统一的格式，注意整体协调美观，运用规范的术语，表述力求简洁明了，文字浅显易懂，如表2-8所示。

表 2-8　某超市收银员工作说明书

	职位名称	收银员	职位编号	
基本情况	所属部门	运营部	薪金级别	
	直接上级	运营部经理（主管），店长	直接下属	
	设置目标	熟悉果品的货区、果品基本价位、收银业务、结算小票管理业务、收集和提供果品销售信息、顾客信息、退货处理方法以及收银台安全职责		
职责	1. 熟悉本岗位的工作流程，做到规范运作			
	2. 熟练掌握操作技能，确保结算、收款的及时、准确、无误			

续表

职责	3. 做好开业前的各项准备工作,确保收银工作的顺利进行		
	4. 结账收款时,对所收现金要坚持唱收唱付,及时验钞,对支票要核实相关内容,减少门店风险		
	5. 管好备用金,确保备用金的金额准确、存放安全		
	6. 了解当日变价果品和特价果品,当顾客不多时,应为顾客做好商品装袋服务		
	7. 管好用好发票,做到先结账,后开票,开票金额与所收现金及机打票金额必须相符;对退票、废票要及时更正		
	8. 向财务交款前,需将现金、支票、信用卡分类汇总,与机打票核对相符,发现问题及时查找,避免损失		
	9. 严格执行交接班制度,清点货款,整理账目,明确责任;检查机器运行情况,营业结束,按规定程序关闭机器、切断电源,将账款、周转金整理封包,交财务统一保管		
	10. ……		
	日常工作	1. 收银员应坚守工作岗位,站姿规范端正,不得脱岗、空岗,不准与别人闲谈,不做其他与工作无关的事情,集中精力收款。 2. 收银员一律使用普通话接待顾客,当接到顾客递过来的货币时,收银员要唱收唱付"收您××元""找您××元""钱数正好"等,同时迅速办妥收款手续,并将顾客所购商品装袋。 3. 完成收银手续后,应将找零连同收款机打印出的小票递给顾客,不得将零钱扔在款台上,同时说"谢谢惠顾,您的小票请拿好"。 4. 收银员在说敬语时,双眼要注视顾客,并面带微笑	定期工作	1. 收银员应定期擦拭、清理收款机的打印机和键盘,打印机和键盘内不允许有灰尘或大头针、碎纸屑等异物。 2. 收银员应根据使用情况及时更换收款机的色带和券纸,以保证打印质量和保护打印头。 3. 收银设备在使用中出现故障,应及时上报给主管部门,收银员不得在未得到主管部门授权的情况下,擅自行处理。 4. 定期向上级汇报顾客的消费情况和果品销售情况
职权	1. 改善收银效率的建议权		
	2. 参与汇报顾客消费情况的建议权		
	3. 店面制度和工作流程的建议权		
	4. ……		
工作条件	门店,POS机		
关键业绩指标(KPI)	考核指标	指标权重	
	差错率	60%	
	顾客满意度	10%	
	内部员工满意度	10%	
	职业道德状况	10%	
	当月销售计划完成率	10%	

续表

工作关系	内部工作关系	汇报	不定期向直接上级进行口头工作汇报		
		督导			
		协调	协调好轮班的交接工作		
			不定期向直接上级就收银事宜进行口头协调和沟通		
	外部工作关系		与持会员卡的顾客保持好联系		
任职资格	学历			专业	不限
	年龄			性别	不限
	性格		外向开朗、耐心尽责、富有亲和力		
	工作经验		一年以上收银工作经验		
	岗位所需知识		具备良好的思想品质和职业道德,具有较强的工作责任心,热爱企业,能自觉维护超市品牌		
			自觉遵守门店的各项规章制度和本岗位的纪律要求		
			具备收银员的基本素质,反应灵敏,具备基本的动手操作能力,在收银员培训中成绩优异		
			具备良好的个人形象		
	岗位技能要求		熟练操作 POS 机		
			普通话标准,语速流利		
	职前培训		收银员职业道德培训		
			操作 POS 机培训		
职业发展	可晋升的职位		领班		
	可转换的职位		理货员,营业员		

任务演练

工作说明书的编写如表 2-9 所示。

表 2-9　工作说明书的编写

任务编号:2-3	建议学时:4 课时
实训地点:校内专业实训室	小组成员姓名:

一、任务描述
1. 演练任务:工作说明书的编写;
2. 演练目的:掌握工作说明书的编写技巧;
3. 演练内容:每人收集企业职岗位工作说明书案例,编写企业某职岗位工作说明书

二、相关资源
1. 以"工作说明书"为关键词查询相关网络资料;
2. 进入中国人力资源开发网,浏览案例

三、任务实施
1. 完成分组,4～6人为一小组,选出组长;
2. 围绕工作说明书的编写这一主题,查询资料,进行整理和分析,提交任务单;
3. 小组撰写PPT,选出代表进行汇报

四、任务成果
(此处填写分析报告)
(一)案例简介

(二)案例分析

(三)总结

五、任务执行评价

任务评分标准

序号	考核指标	所占分值	备注	得分
1	完成情况	10	在规定时间内完成并按时上交	
2	分析内容	40	内容丰满、分析明晰、问题合理	
3	分析报告质量	50	分析全面,结论正确	
	总　分			

指导教师:　　　　　　　　　　　　　　　　　　　　　日期:　　年　月　日

扫码下载任务单

活页笔记

学习过程

重、难点记录

学习体会与收获

模块三 员工招聘

导 读

员工招聘是企业人力资源管理工作当中的一项重要内容,几乎任何一家企业都存在着招聘活动。随着经济的发展,各行各业对人才的需求也越来越强烈,招聘工作的规范化和高效性对人才选拔及企业发展具有重要影响。

通过模块的学习,能够使同学们充分认识到招聘活动的重要性;熟悉常用的招聘方法,并能够掌握招聘计划及招聘评估总结报告的编写方法。

知识目标

- 理解招聘的含义。
- 明确招聘的意义。
- 了解影响招聘的因素。
- 明确招聘的原则。

能力目标

- 掌握员工招聘流程。
- 熟悉员工招聘各流程实务操作。
- 了解员工录用工作相关要求。

素质目标

- 培养学生判断分析能力和敏锐的观察力。
- 培养学生系统思考和独立思考能力。
- 培养学生良好的表达能力。
- 培养学生良好的团队协作能力。

任务一　员工招聘计划

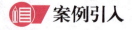 案例引入

动物农场招聘

 知识链接

一、招聘的含义

招聘是指企业为了发展的需要,根据人力资源规划和工作分析的要求,寻找、吸引有能力又有兴趣到该企业任职的人员,并从中选出适宜人员予以录用的过程。招聘,一般由主体、载体及对象构成。主体就是用人者,也就是招聘单位,一般派出招聘专员具体负责招聘工作的组织和实施。载体是信息的传播体,也就是招聘信息传播的各类媒介。对象则是符合标准的应聘者。

二、招聘的目标

招聘的目标主要包括以下两方面。

通过系统化的招聘管理保证公司招聘工作的质量,为公司选拔合格、优秀的人才。如何提高招聘的有效性,是每一个企业都需要关注的问题,企业应根据不同岗位需求,灵活运用招聘方法,在保证招聘质量的情况下尽可能降低投入成本,通过与用人部门积极配合、分工协作,提高招聘工作成效,减少招聘过程中的盲目性和随意性。

实现员工个人与岗位的匹配是招聘的最终目的。这种匹配包括两个方面,一是岗位的要求与员工个人素质相匹配;二是工作报酬与员工个人的需要相匹配。要通过招聘把合适的人放在合适的岗位,量才适用,确保员工在工作岗位上能充分发挥主观能动性,从而提高企业核心竞争力。

三、招聘的意义

1. 招聘是企业获取人力资源的关键环节

随着企业发展阶段的不同,面临竞争环境的改变,竞争战略的调整,企业对人力资源的需求也会发生变化。对于新成立的企业,人员的招聘和选拔是企业成败的关键。对于已处于运作阶段的企业,由于需要应对外部环境的不断变化,招聘工作仍是一项关键性工作。企业在运行过程中,仍需要持续地获得符合需要的人才,从而保证自己在激烈的竞争中立于不败之地。因此,员工招聘是企业的一项经常性的工作,是获取人力资源的关键环节。

2. 招聘是企业人力资源管理工作的基础

人是一切管理工作的基础。招聘之所以是企业人力资源管理工作的基础,是由招聘工作的内容和劳动者在企业中的地位决定的。在整个人力资源管理体系中,招聘工作是一个基础环节,其他工作都是在招聘的基础上开展的。招聘工作做得好,就会形成一个比较优化的人力资源管理基础平台,使得后续工作得以高效开展。

3. 招聘是企业宣传的有效途径

招聘对于企业而言,在招收到所需的各种人才的同时,也是企业通过招聘工作的运作和招聘人员的素质向外界展现企业良好形象的重要途径。在招聘过程中,企业利用各种渠道和各种形式发布招聘信息,除了吸引更多的求职者,还能让外界更好地了解企业。部分企业以高薪、优厚的待遇和精心设计的招聘过程来表明企业对人才的渴求与重视,显示企业的实力。

4. 招聘是企业履行社会责任的必经过程

提供就业岗位是企业必须承担的社会责任,招聘是企业履行这一社会责任的必经过程。在招聘中坚持公开、公平、公正的原则既是对企业负责,也是对社会负责。公开招聘信息,公正科学地选拔人才,保障求职者公平就业的权利,既是企业应尽的社会责任,也是国家相关法律法规的明确要求。

四、招聘的原则

1. 因事择人原则

因事择人就是员工的选聘应以实际工作的需要和岗位的空缺情况为出发点,以岗位对人员的实际要求为标准,根据岗位对任职者的资格要求选拔录用各类人才。遵循因事择人原则,一方面能够避免出现因人设岗现象带来的人浮于事、机构臃肿现象,另一方面可使员工与岗位相匹配,做到人尽其才,避免大材小用的人才浪费现象。

2. 经济效益原则

企业的员工招聘必须以确保企业的经济效益为目标。招聘计划的制订要以企业的需要为依据,以保证经济效益的提高为前提。因此,在招聘的时候不仅要考虑人员的素质,还要考虑报酬因素,综合分析对企业现在和将来经济效益的影响。坚持"可招可不招时尽量不招""可少招可多招时尽量少招"的原则,用尽可能低的招聘成本录用到合适的最佳人选。

3. 公开、公平、公正原则

企业招聘应贯彻公开、公平、公正原则，使整个招聘工作在社会监督之下开展。公开就是要公示招聘信息、招聘方法，这样既可以防止以权谋私、假公济私的现象，又能吸引大量应聘者。公平公正就是确保招聘制度给予合格应聘者平等的获选机会。遵循公开公平公正原则，可以有效防止不正之风，努力为有志之士、有才之子提供平等的竞争机会，还可以吸引大批的应聘者，扩大选择的范围，有利于人尽其才。

4. 竞争择优原则

竞争择优原则是指在员工招聘中引入竞争机制，在对应聘者的思想素质、道德品质、业务能力等方面进行全面考察的基础上，按照考查的成绩择优选拔录用员工。通过竞争上岗，择优录用，好中选优，优中选强，把人品和能力经得起检验的人选拔到合适的工作岗位上来，体现公平性，是让优秀人才脱颖而出的有效途径。

5. 双向选择原则

招聘是一个双向选择的过程。企业要选择能够胜任岗位工作，为企业创造价值的员工，而个人则是在寻找一份报酬公平、能够体现其个人价值的工作。双向选择能够实现人力资源的最优配置。企业要根据自身发展和岗位的要求实事求是地开展宣传，劳动者则根据自身能力和意愿，结合劳动力市场供求状况自主选择职业。双向选择原则一方面能使企业不断提高效益，改善自身形象，增强自身吸引力；另一方面还能使劳动者为了获得理想的职业，努力提高自身的知识水平和专业素质，在招聘竞争中取胜。

五、招聘的渠道

企业进行员工招聘的渠道一般有两种，即内部招聘和外部招聘。两者的优缺点比较如表 3-1 所示。

表 3-1 内部招聘和外部招聘的优缺点比较

项目	内部招聘	外部招聘
优点	组织对候选人的能力有清晰的认识； 候选人了解工作要求和组织； 鼓励高绩效、有利于鼓舞员工士气； 更低的成本	更大的候选人选择空间； 会把新的技能和想法带入组织； 降低徇私的可能性； 激励老员工保持竞争力，发展技能
缺点	会导致"近亲繁殖"状态； 会导致为了提升的"政治性行为"； 需要有效的培训和评估系统； 可能会因操作不公或心理因素导致内部矛盾	增加与招聘和甄选相关的难度和风险； 需要更长的培训和适应阶段； 内部员工可能感到自己被忽略； 新的候选人可能并不适应企业文化； 增加搜寻成本

1. 内部招聘

内部招聘是指在企业内部通过晋升、竞聘或人员调配等方式，由企业内部的人员来弥补空缺职位。企业内部招聘和人才选拔机制的确立，有利于员工的职业生涯发展，留住核心人才，形成人力资源内部的优化配置。

2. 外部招聘

外部招聘是指从企业外部获取符合空缺职位工作要求的人员来弥补企业的人力资源短缺，或为企业储备人才。当企业内部的人力资源不能满足企业发展的需要时，如某些初等职位以及一些特定的高层职位，企业内部可能没有合适的人选，则应选择通过外部渠道进行招聘。从外部招聘的人员可以为组织带来新的思维模式和新的理念，有利于组织的创新。

六、招聘的方法

（一）内部招聘的方法

1. 内部晋升或岗位轮换

内部晋升是指企业内部符合条件的员工从现有的岗位晋升到更高层次岗位的过程。岗位轮换是指企业有计划地按照大体确定的期限，让员工轮换承担若干种不同工作的人才培养方式。

内部晋升和岗位轮换需要建立在系统的职位管理和员工职业生涯规划管理体系的基础之上。首先，要建立一套完善的职位体系，明确不同职位的关键职责、职位级别、职位的晋升轮换关系，指明哪些职位可以晋升到哪些职位，哪些职位之间可以进行轮换。其次，企业要建立完善的职业生涯管理体系。在每次绩效评定的时候，企业要对员工的工作目标完成情况及工作能力进行评估，建立员工发展档案。同时，要了解员工个人的职业发展愿望，根据员工意愿及发展可能性进行岗位的有序轮换，并提升有潜力的业绩优秀的员工。

2. 内部公开招聘

在公司内部有职位空缺时，可以通过内部公告的形式进行公开招聘。一般的做法是在公司的内部主页、公告栏或以电子邮件的方式通告给全体员工，符合条件的员工可以根据自己的意愿自由应聘。这种招聘方法能够给员工提供一个公平选择工作岗位的机会，能使企业内最合适的员工有机会从事该工作，有利于调动员工的积极性，更符合"人性化管理"理念。但这种方法若采用不当，会使企业内部缺乏稳定，影响落选员工的工作积极性和工作表现。为保证招聘的质量，对应聘内部招聘岗位的员工需要有一定的条件限定，鼓励工作负责、成绩优秀的员工合理流动。同时，参加内部应聘的员工也要像外部招聘的候选人一样接受选拔评价程序，对于经过选拔评价符合任职资格的员工才能予以录用。

3. 内部员工推荐

当企业内部出现职位空缺时，不仅要鼓励内部员工应聘，还要鼓励员工为公司推荐优秀人才。这里包含了两个方面的内容，一是本部门主管对员工的推荐；二是内部员工的评价推荐。主管对本部门员工的工作能力有较为全面的了解，通常，当部门主管有权挑选或决定晋升人选时，他们会更关注员工的工作细节和潜在能力，会在人员培养方面投入更多的精力，同时也会促使那些正在寻求晋升机会的员工努力争取更好的工作表现。但由于主管推荐很难不受主观因素的影响，多数员工会质疑这种方式的公平性，因此，主管推荐还应与员工评价相结合，从而保证推荐工作的客观性和公正性。同时，为了保证内部推荐的质量，企业还必须对推荐者的推荐情况进行跟踪和记录，以确保推荐的可靠性。

4. 临时人员转正

企业由于岗位需要会雇用临时人员，这些临时员工也是补充职位空缺的来源。正式岗位出现空缺，而临时人员的能力和资格又符合所需岗位的任职资格要求时，可以考虑临时人员转正，以补充空缺。

（二）外部招聘的方法

1. 发布招聘广告

招聘广告即将企业有关岗位招聘的信息刊登在适当的媒体上，如报纸、杂志、电视、网站或散发印刷品等，这是一种最为普遍的招聘方式。刊登的内容一般包括公司的简单介绍、岗位需求及申请人的资历、学历、能力要求等。这种招聘方式的优点是，覆盖面比较广，发布职位信息多，信息发布迅速，联系快捷方便；缺点是对应聘者信息的真实性较难辨别，成本较高。各种媒体广告都有其不同的优缺点和适用情况，因此在发布招聘广告时，对媒体的选择尤为重要。表3-2对各种媒体广告进行了比较。

表3-2　招聘广告媒体的比较

媒体类型	适用情形	主要优点	主要缺点
报纸	由于大部分发行量大的报纸都具有地区性的特点，比较适用于在某个特定地区招聘；比较适合在短期内需要得到补充的空缺职位；适用于候选人数量较大的职位；适用于较高流失率的行业或职位	发行量大；能够迅速将信息传达给读者；广告的大小可以灵活选择	发行对象比较复杂，可能很多读者并不是所要寻找的职位候选人；保留时间短，很多报纸只能在某一天被人看到，而潜在的候选人可能会错过这个时间；报纸的纸质和印刷质量可能对广告的设计造成限制
杂志	当要寻找的职位候选人集中在某个专业领域中时，选择该领域中人们广泛阅读的杂志会比较合适；所需要的候选人地区分布较广；空缺职位并非迫切需要补充	接触目标群体的概率比较大；杂志便于保存，能够在较长时间内被看到；杂志的纸质和印刷质量相对于报纸要好	申请职位的期限会比较长；发行的地域可能较为分散；广告的预约期较长
广播电视	当公司需要迅速扩大影响时，将企业形象的宣传与人员招聘同时进行；需要招聘大量人员时；用于引起求职者对其他媒体上广告的注意	可以产生有较强冲击力的视听效果；如果选择黄金时段则受众人数众多；容易给人留下深刻印象	广告的时间较短；费用比较昂贵；缺乏持久性；存在为不可能的接受者付费的问题
网站	适用于有机会使用网络的人群；不论急需招聘的岗位还是长期招聘的岗位都适合	不受时间空间的限制；方式灵活、快捷；可以与招聘及人力资源管理的其他环节形成整体；成本不高	未使用网站查找工作的潜在候选人可能看不到招聘信息

续表

媒体类型	适用情形	主要优点	主要缺点
印刷品	在特殊的场合比较适合，如展示会、招聘会等，或者在校园等特殊的地点；适合与其他形式的招聘活动配合使用	容易引起应聘者的兴趣，并引发他们的行动	宣传力度比较有限；有些印刷品可能会被人抛弃

2. 就业服务机构和猎头公司

就业服务机构是指帮助企业挑选人才，为求职者推荐工作单位的组织。根据组织的性质可分为公共就业服务机构和私人就业服务机构。公共就业服务机构是由政府举办，向用人单位和求职者提供就业信息，并帮助解决就业困难的公益性组织，如我国各地市人事局下设的人才服务中心。随着人力资源流动的频繁，我国也出现了大量的私人就业中介机构。除提供与公共就业机构相同的服务职能外，更侧重于为企业提供代理招聘的服务，也就是招聘外包。这类就业服务机构主要适用于招聘初级人才、中高年龄人才和一些技术工人。经就业服务机构推荐的人员一般都经过筛选，因此招聘成功率比较高，上岗效果也比较好；一些规范化的交流中心还能提供后续服务，使招聘企业感到放心，招聘快捷、省时省力、针对性强、费用低廉。

猎头公司是依靠猎取社会所需各类高级人才而生存、获利的中介组织。因此，主要适用于招聘工作经验比较丰富、在行业中和相应岗位上比较难得的尖端人才。这种源于西方国家的招聘方式，近年来成为我国不少企业招聘高级管理人员时的首选。但因其高额的收费，只能是在有足够的招聘经费预算的情况下，成为企业招聘非常重要的职位时的选择。

3. 校园招聘

当企业需要招聘财务、计算机、工程管理、法律、行政管理等领域的专业化工作的初级水平员工，或为企业培养和储备专业技术人才和管理人才时，校园招聘是最佳方式。校园招聘的主要方法是张贴招聘广告、设摊摆点招聘、举办招聘讲座和校园招聘会以及学校推荐等。在整个过程中，要熟悉招聘应届毕业生的流程和时间限制，特别加强与高校就业指导部

微课：校园招聘

门的联系，办理好接收应届毕业生的相关人事手续。校园招聘的应聘者一般都是应届大学生，普遍是年轻人，学历较高，可塑性强，进入工作岗位后能较快地熟悉业务。但由于毕业生缺乏工作经验，企业在岗位培训上成本较高，且不少学生由于刚步入社会，对自己的定位还不清楚，工作的流动性也比较大。此外，毕业生往往面对多家企业的挑选，特别是出类拔萃的人选，很可能同时被多家企业录用，违约是比较常见的现象，也使得校园招聘成本比较高。

4. 人才交流会

随着人力资源市场的建立和发展，人才交流会成为重要的招聘形式。通常是由有资格的政府职能部门或下属机构主办，有明确的主题，专门针对一个或少数几个领域开展。这种形式实际上就是为企业和应聘者牵线搭桥，使企业和应聘者可以直接进行接洽和交

流，既节省了企业和应聘者的时间，还可以为招聘负责人提供不少有价值的信息。企业通过人才交流会，不仅可以了解当地人力资源素质和走向，还可以了解同行业其他企业的人事政策等情况，而且招聘费用比较少，招聘周期较短，招聘工作量较小，能尽快招聘到所需人才。

5. 网络招聘

网络招聘也被称为电子招聘，是指通过技术手段的运用，帮助企业完成招聘的过程，即企业通过公司自己的网站、第三方招聘网站等机构，使用建立数据库或搜索引擎等工具来完成招聘的一种方式。

网络招聘已逐渐成为人员招聘最为重要的方式之一。数以万计的专门的求职招聘网站、大型门户网站的招聘频道和网上人才信息数据库等成为新兴的"人才市场"。网络招聘的兴起不仅是因为其成本低廉，更重要的是因为网络招聘是现存各种招聘方式中最符合未来社会人才高速流转要求的，而且随着网络音频、视频技术的飞速革新，网络招聘缺乏立体感的死结也将打开，网络招聘的前景十分广阔。不过，网络招聘要警惕和排除虚假信息的感染，以免影响组织招聘的效益和效率。

综上所述，员工招聘的方法是多种多样的，并有着各自不同的特点。在具体实施招聘工作时，企业要结合自身实际情况，灵活运用，选择适合的招聘方式。

七、招聘的流程

员工招聘的流程包括招聘计划的制订、招聘信息发布、简历筛选、应聘者选拔、员工录用及招聘评估与总结等环节，如图 3-1 所示。

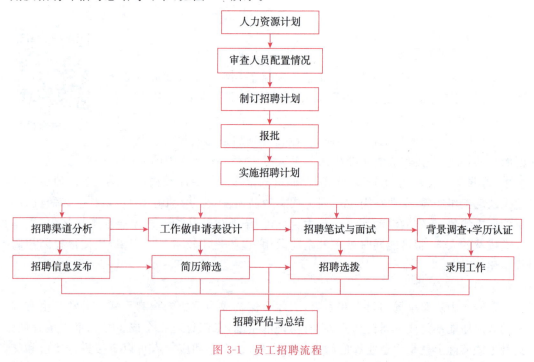

图 3-1　员工招聘流程

（一）招聘计划的制订

招聘计划是在人力资源计划基础上产生的。企业发现有些职位空缺需要有人来添补，就会提出员工招聘的要求。制订招聘计划是项复杂的工作，大型企业常聘请组织外部的人力资源问题专家制订和执行招聘计划，小型企业中通常由人力资源部人员负责此项工作。

1. 一份完整的招聘计划的内容

(1) 人员需求，包括招聘的岗位名称、人数、任职资格要求等内容。
(2) 招聘信息发布的时间和渠道。
(3) 招聘小组人选，包括小组人员姓名、职务、各自的职责。
(4) 应聘者的考核方案，包括考核的方式、考核的场所、大体时间、题目设计者姓名等。
(5) 招聘费用预算，包括资料费、广告费等其他费用。
(6) 招聘的工作时间，包括招聘的具体时间安排、招聘的截止日期。

2. 招聘计划的编写步骤

(1) 获取人员需求信息。人员需求信息一般来源于三个方面，一是企业人力资源计划中的明确规定；二是企业在职人员离职产生的空缺；三是部门经理递交的经领导批准的招聘申请。
(2) 选择招聘信息的发布时间和发布渠道。
(3) 初步确定招聘小组。
(4) 初步确定选择考核方案。
(5) 明确招聘预算。
(6) 编写招聘工作时间表。

（二）招聘信息发布

企业在作出招聘计划后，就可进行招聘信息发布工作。企业在发布招聘信息时，必须遵循一定的原则：第一，及时原则。招聘信息必须及时发布，这样可以使招聘信息尽早地向社会公布，有利于更多的人获取信息，使应聘人数增加。第二，面广原则。接收到信息的人越多，面越广，应聘的人也就越多，这样招聘到合适人选的概率也越大。第三，层次原则。招聘时要根据招聘岗位的特点，向特定层次的人员发布招聘信息。此外，招聘信息发布渠道的选择也十分重要。一般而言，广告招聘能够比其他的招聘方式吸引更多的应聘者。广告已经成为广大企业普遍采用的一种招聘方式。

（三）简历筛选

在众多的求职简历中筛选人才，是企业招聘的一项重要工作。按照岗位说明书精简出来的岗位描述和岗位要求是简历筛选的第一依据。简历与岗位说明书的匹配度越高，获得面试的机会也越大。在简历中需要满足的基本条件是教育程度、专业背景、相关工作经验、相关技能，简历的排版书写也是筛选的一项内容。只有在申请数量非常有限时，简历的筛选才会适度放宽条件。

(四)应聘者选拔

对应聘人员的选拔是招聘过程的重要步骤。选拔的方法主要有笔试、面试、情景模拟测试等,其中,面试是目前应用最为广泛、发展最为成熟的一种选拔方法。面试的过程是尽可能多地了解应聘者的各种信息,包括应聘者的工作经历、教育程度、家庭背景、现代社会适应特征、应聘者的动机与性格、情绪稳定性等。面试的目的主要是发现应聘者的态度、感情、思维方式、人格特征、行为特点及洞察其敬业精神。

(五)员工录用

经过简历筛选、面试等环节后,企业基本能够确定候选人。但在与候选人签订录用合同前,还必须对候选人进行背景调查及学历认证,主要是考察应聘者是否达到学历要求,过去的工作经历如何,是否有违法犯罪或者违纪等不良行为。一般来说,调查通常会由浅入深,主要采取电话(互联网)咨询、问卷调查和面对面访谈几种形式,必要的时候,企业还可向学校的学籍管理部门、历任雇佣公司的人事部门、档案管理部门进行公函式的调查,以得到最真实可靠的消息。如果背景调查及学历认证均无问题,那么就可以发出录用通知。

(六)招聘评估与总结

一般在一次招聘工作结束之后,都要对整个招聘工作做一个总结和评价,主要是对招聘结果、招聘的成本和效益以及招聘方法进行评估,并将评估结果撰写为评估报告或工作总结,为下一次招聘提供借鉴。

八、招聘面试

面试是最常见的招聘方式,是招聘专员通过与应聘者正式交谈,了解其业务知识水平、外貌风度、工作经验、求职动机、表达能力、反应能力、个人修养、逻辑性思维等项情况的方法。面试给企业和应聘者提供了进行双向交流的机会,能使企业和应聘者之间相互了解,更准确地做出聘用与否、受聘与否的决定。

(一)面试的类型

1. 结构化面试

结构化面试又称标准化面试,是指根据特定职位的胜任特征要求,遵循固定的程序,采用专门的题库、评价标准和评价方法,通过考官小组与应聘者面对面的言语交流等方式,评价应聘者是否符合招聘岗位要求的人才测评方法。主要包括三方面的特点:一是面试过程的结构化,在面试的起始阶段、核心阶段、收尾阶段,主考官要做些什么、注意些什么、要达到什么目的,事前都会做相应的策划。二是面试试题的结构化,在面试过程中,主考官要考查考生哪些方面的素质,围绕这些考察角度主要提哪些问题,在什么时候提出,怎样提,都有固定的模式和提纲。三是面试结

微课:面试的类型

果评判的结构化,从哪些角度来评判考生的面试表现,等级如何区分,甚至如何打分等,在面试前都会有相应规定,并在众考官间统一尺度。结构化面试适用于专业技术性强的岗位。

2. 非结构化面试

面试提问没有固定的模式和提纲,面试问题大多属于开放式问题,没有标准答案。非结构化面试主要考察应聘者的服务意识、人际交往能力、进取心等非智力素质,适合考察从事服务性或事务性工作的岗位。非结构化面试主要采用情景模拟方式开展。

3. 半结构化面试

半结构化面试是指面试构成要素中有的内容作统一的要求,有的内容则不作统一要求,也就是在预先设计好的试题的基础上,面试中主考官向应试者又提出一些随机的试题。半结构化面试是介于非结构化面试和结构化面试之间的一种形式,它结合了两者的优点,有效避免了单一方法上的不足,做到内容的结构性和灵活性的结合,具有双向沟通性的特点。面试官可以获得更为丰富、完整和深入的信息。近年来,半结构化面试越来越得到广泛使用。

(二) 面试的方法

1. 面试前的准备

面试场地布置:面试场地一般有两种类型,长条桌形的面试场地是最常见的,这种面试形式正规严谨,视野通透,便于观察应聘者的全部举动。圆形桌的面试适合资深专业类和管理类的应聘者,这种形式能缓解应聘者的紧张感,给他们一种与面试官平等的感觉,但是看不到应聘者的全貌,有些身体语言信息容易被忽视,如图 3-2 所示。

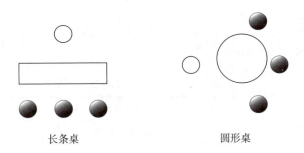

图 3-2 面试场地

注:○为应聘者,●为面试官。

面试问题准备:企业招聘面试应关注的问题,包括应聘动机,以往的生活和工作经历,兴趣爱好和特长,与所聘岗位相关的知识和经验,素质与所聘岗位的匹配度,对待工作价值、责任、挑战、成就的看法,对工作条件和奖酬待遇的要求和看法,处理人际关系的方式和态度,研究和解决问题的习惯及思路等。

面试表格准备:在面试的时候,招聘专员不但要积极倾听,还应该做一些笔记。一方面,由于应聘者各有特点,招聘专员很难准确地把握应聘者提供的信息并作出客观准确的判断。另一方面,做好面试记录也是招聘过程记录的一部分,能够为后期人才选拔提供参考资料。

2. 面试的开场

介绍面试的大致安排,让应聘者介绍自己,建立和谐的气氛。

3. 正式面试环节

招聘专员通过提问方式,介绍企业情况,获取应聘者信息。

4. 面试结束

在面试结束时,应留有时间回答应聘者的提问,努力以积极的态度结束面试。如果不能马上做出决策时,应当告诉应聘者怎样尽快知道面试结果。

学习资源

某公司年度招聘计划书

某公司员工招聘计划书

任务演练

员工招聘计划编写见表3-3。

表 3-3　员工招聘计划编写

任务编号:3-1	建议学时:4课时
实训地点:校内专业实训室	小组成员姓名:
一、任务描述 1. 演练任务:员工招聘计划编写; 2. 演练目的:熟悉员工招聘计划的编制过程及内容; 3. 演练内容:每人收集某企业员工招聘案例,分析案例中企业招聘需求,写出招聘计划	
二、相关资源 1. 以"招聘计划"为关键词查询相关网络资料; 2. 进入案例网,收集员工招聘案例	
三、任务实施 1. 完成分组,6人为一小组,选出组长; 2. 根据员工招聘课程理论知识,查询资料,进行整理和分析,提交任务单; 3. 小组撰写招聘计划,选出代表进行汇报	

续表

四、任务成果
（此处填写点评稿）
（一）案例简介

（二）案例分析

（三）招聘计划

（四）总结

五、任务执行评价

任务评分标准

序号	考核指标	所占分值	备　注	得分
1	完成情况	10	在规定时间内完成并按时上交	
2	分析内容	40	内容丰满、分析明晰、问题合理	
3	招聘计划编写质量	50	计划编写全面，贴合案例实际，可行性强	
		总　分		

指导教师：

日期：　年　月　日

扫码下载任务单

活页笔记

学习过程

重、难点记录

学习体会与收获

任务二 员工招聘评估总结报告撰写

案例引入

民营企业招聘的有效性评估

知识链接

一、招聘评估的含义

招聘评估主要是对招聘的结果、招聘的成本和招聘的方法等方面进行评估。一般在一次招聘工作结束之后，要对整个招聘工作做一个总结和评价，目的是进一步提高下次招聘工作的效率。

二、招聘评估的内容

（一）招聘成本效益评估

招聘成本效益评估是指对招聘中的费用进行调查、核实，并对照预算进行评价的过程。计算公式为

$$招聘单位成本 = \frac{招聘总成本（元）}{实际录用人数（人）}$$

招聘总成本由两部分组成：一部分是直接成本，包括招聘费用、选拔费用、录用员工的家庭安置费用和工作安置费用、其他费用（如招聘人员差旅费、应聘人员招待费等）；另一部分是间接成本，包括内部提升费用、工作流动费用等。

如果招聘总成本少，录用人数多，意味着招聘单位成本低；反之，则意味着招聘单位成本高。

（二）录用人员评估

录用人员评估是指根据招聘计划对录用人员的质量和数量进行评价的过程。一般包

括以下几个指标。

1. 录用比

录用比反映的是最终录用人数在应聘人数中所占比例情况。计算公式为

$$录用比 = \frac{录用人数}{应聘人数} \times 100\%$$

2. 招聘完成比

招聘完成比反映招聘完成情况。如果招聘完成比大于或等于100%，则说明在数量上全面或超额完成招聘计划。计算公式为

$$招聘完成比 = \frac{录用人数}{计划招聘人数} \times 100\%$$

3. 应聘比

应聘比反映的是招聘宣传的力度和招聘广告的吸引力。应聘比越大，说明招聘信息发布效果越好。计算公式为

$$应聘比 = \frac{应聘人数}{计划招聘人数} \times 100\%$$

三、招聘评估总结的撰写

招聘工作的最后一步，是撰写招聘工作总结，对招聘工作进行全面概括，总结招聘成果，指出招聘过程中的不足之处，为下一次招聘提供参考。招聘总结主要包括招聘计划、招聘进程、招聘结果、招聘经费和招聘评定五方面内容。如案例所示。

招聘工作总结报告

一、公司概况

公司是以经营家具、建材为主的大型连锁超市，员工的流动率较高，加上公司业务的不断拓展，使公司对人员的需求量较大。

二、招聘计划

根据公司目前的发展状况，并经门店店长批准，公司决定在8月20日前招聘如下人员：管理人员60人（其中储备干部40人）、专业技术人员30人、骨干人员5人、基层员工20人。

对于管理人员，主要考察应聘人员的综合素质和学历，其中有两个硬性的条件：一是学历要求在本科以上；二是年龄在35岁以下，目的是保证公司的管理层在知识结构、思维方式、学习能力等方面具备良好的潜能和发展的空间，成为公司高层队伍的蓄水池。

对于专业人员，主要考察应聘者的经验和操作技能。

对于骨干人员要大力进行培养和储备。骨干人员招聘主要采用内部招聘的方法，如采取在职培训、分布职位公告等方式进行。

对于基层员工的学历要求不高，招聘专员应主要考察应聘人员个人道德品质、工作态度、工作责任等方面。

三、招聘渠道的选择(表3-4)

表3-4　招聘渠道的选择

招聘人员的类型	招聘渠道
管理人员(储备干部)	网络招聘、报纸杂志(校园招聘)
专业人员	招聘会、网络招聘
骨干人员	内部招聘
基层员工	招聘会

四、招聘进程安排(表3-5)

表3-5　招聘进程安排

时　　间	工作项目	具体工作内容
6月15—18日	拟订人员需求计划	1. 明确招聘人员的总数量; 2. 对招聘人员的要求:学历、身高、经验等
6月19—26日	招聘准备	1. 招聘广告、公司宣传资料的制作; 2. 招聘小组人员的确定及各自的分工; 3. 招聘工作流程的制定; 4. 面试、笔试题目的编制及考评标准的制定; 5. 招聘时间和地点的确定; 6. 应变措施方案的制订
6月27日—7月3日	发布招聘信息	1. 在相应的人才招聘网站上发布公司的招聘信息; 2. 参加人才招聘会; 3. 在公司内部发布职位公告
7月10—13日	筛选简历	1. 从应聘者的简历(600份)中,初步挑选出190份简历,其中,应聘管理人员的80份、专业人员的60份、骨干人员20份、基层员工的30份; 2. 通知面试
7月14—21日	面试	1. 集体面试的方式,对应聘管理人员的80名应聘者进行初试,其中三人因工作原因没来参加面试; 2. 集体面试的方式,对应聘专业人员的60名应聘者进行初试; 3. 由公司中高层领导面试骨干人员
7月22—29日	复试	1. 经过第一轮面试,对经初步考察合格的应聘管理人员和应聘专业人员的应聘者进行复试; 2. 对骨干人员的复试,由所需用人部门的经理实施
7月30日—8月6日	作出录用决策	1. 招聘小组对应聘者两轮的考核给予最后的评定并确定人选; 2. 骨干人员的人选根据应聘者的表现,最终由部门经理拟订并报门店店长批准确定
8月8—10日	电话通知被录用者	告知被录用者到公司报到的时间、应聘的职位等具体事项
8月12—15日	新员工入职事宜的安排	在被录用的管理人员中,有两个因与公司未达成一致的协议没来报到

五、招聘经费（表3-6）

表3-6 招聘经费计算

工作项目	费用支出/元
材料制作费	200
网络广告招聘	400
参展费	600
办公费用	100
人工成本	3000
合　计	4300

六、招聘结果

在总体数量方面，需招聘115名员工，实际招聘113人。

$$招聘计划完成比 = \frac{113}{115} \times 100\% \approx 98.26\%$$

$$录用比 = \frac{113}{187} \times 100\% \approx 60.43\%$$

$$员工应聘比 = \frac{600}{115} \times 100\% \approx 521.74\%$$

七、招聘评定

（一）招聘的成功之处

1. 招聘准备工作充分

在校园招聘过程中，安排了公司高层领导精彩的宣讲辅助，工作人员耐心、细致地回答同学们的提问，准备了足够的公司宣传资料等。

2. 招聘面试流程的科学制订

招聘工作的每个步骤都分工明确，招聘工作小组成员也尽职工作，配合良好，整个招聘工作基本顺利完成。

3. 招聘成果显著

基本上按照招聘计划完成了人员招募工作，为公司的发展提供了人员的保障。

（二）招聘的不足之处

（1）人员招聘的完成率欠佳，原因是时间安排紧张。

（2）招聘预算费用超支。

知识拓展

华为校园招聘理念及招聘流程

任务演练

员工招聘评估总结报告撰写见表 3-7。

表 3-7　员工招聘评估总结报告撰写

任务编号:3-2		建议学时:4 课时	
实训地点:校内专业实训室		小组成员姓名:	

一、任务描述
1. 演练任务:员工招聘评估总结报告;
2. 演练目的:掌握招聘评估方法、招聘评估总结报告的撰写方法;
3. 演练内容:小组成员查找招聘案例,根据案例进行招聘工作评估总结,撰写招聘总结报告

二、相关资源
1. 以"招聘评估总结报告"为关键词查询相关网络资料;
2. 进入案例网,收集员工招聘案例

三、任务实施
1. 完成分组,6 人为一小组,选出组长;
2. 根据员工招聘课程理论知识,查找招聘案例,根据案例进行招聘工作评估总结;
3. 小组撰写招聘总结报告,选出代表进行汇报

四、任务成果
(一)案例分析

(二)招聘工作评估

(三)撰写招聘工作总结

五、任务执行评价

任务评分标准

序号	考核指标	所占分值	备　　注	得分
1	完成情况	50	在规定时间内完成,方法恰当,流程得当,效果良好	
2	分析报告质量	50	分析全面,结论正确	
	总　分			

指导教师:　　　　　　　　　　　　　　　　　　　　　日期:　　年　月　日

扫码下载任务单

活页笔记

📚 学习过程

🖋 重、难点记录

📚 学习体会与收获

模块四

员工培训

导读

员工培训是人力资源开发管理的重要组成部分。现代社会科学技术的迅猛发展，要求企业员工不断地适应新形势发展的要求，因此企业必须重视对员工的培训，保持企业内部的人力资源优势。

通过本模块的学习，能够使同学们充分认识员工培训的重要性；熟悉员工培训工作流程，并能够根据特定的情况开展培训需求分析，制订培训计划并实施培训。

知识目标
- 了解员工培训的基本概念。
- 掌握培训需求分析的方法。
- 掌握培训评估方法。

能力目标
- 能正确地进行员工培训需求的调查分析。
- 能初步进行培训效果评估。

素质目标
- 培养学生判断分析能力和敏锐的观察力。
- 培养学生系统思考和独立思考能力。
- 培养学生良好的表达能力。
- 培养学生良好的团队协作能力。

任务一　培训需求分析与计划制订

案例引入

员工为何赌气罢考

知识链接

一、员工培训的内涵

员工培训是指企业为开展业务及培育人才的需要,采用各种方式对员工进行有目的、有计划的培养和训练的管理活动,其目标是使员工不断地更新知识,开拓提升,改进员工的动机、态度和行为,是企业员工适应新要求,更好地胜任现职工作或担负更高级别职务的重要手段,也是促进组织效率提高和组织目标实现的关键途径,培训的出发点和归宿是"企业的生存与发展"。

二、员工培训的分类

（一）岗前培训

（1）新员工入职培训。主要内容为公司简介、员工手册、企业人事管理规章制度的讲解;企业文化知识的培训;所在部门进行业务技能、工作要求、工作程序、工作职责等的培训与说明。

（2）调职员工岗前培训。培训内容主要是工作要求、工作程序、工作职责、业务技能等。

（二）在职培训

在职培训的目的主要在于提高员工的工作效率,以更好地协调公司的运作及发展。培训的内容和方式均由部门决定,主要可以采用解释工作程序、给员工演示工作过程等步骤。

(三) 专题培训

专题培训是指公司根据发展需要或者部门根据岗位需求,组织部分或全部员工进行某一主题的培训工作。

(四) 员工业余自学

员工业余自学是指员工利用业余时间参加的自费学历教育、自费进修或培训、自费参加职业资格或技术等级考试及培训。

三、员工培训的原则

微课:员工培训的原则

(一) 战略与激励原则

企业必须将员工的培训与开发放在战略的高度来认识,许多企业将培训看成是只见投入不见产出的"赔本"买卖,往往只重视当前利益,安排"闲人"去参加培训,而真正需要培训的人员却因为工作任务繁重而抽不出身。结果就出现了所学知识不会或根本不用的"培训专业户",使培训失去了原本的意义。而现实是真正学习的人才会学习,这种学习愿望称为动机。一般而言,动机多来自需求,在培训过程中可用多种激励方法,使受训者在学习过程中因需要的满足而产生学习意愿,因此,企业必须树立战略观念,以激励作为手段,根据企业发展目标及战略制订培训计划并实施培训。

(二) 理论联系实际,学以致用原则

员工培训应当有明确的针对性,从实际工作需要出发,与岗位特点紧密结合,与培训对象的年龄、知识结构、能力结构、思想状况紧密结合,目的在于通过培训让员工掌握必要的技能以完成规定的工作,最终为提高企业的经济效益服务。

(三) 技能培训与企业文化培训兼顾的原则

培训与开发的内容,除了文化和知识、专业知识、专业技能的培训外,还应包括理想、信念、价值观、道德观等方面的培训内容,而后者又要与企业目标、企业文化、企业制度、企业的优良传统等结合起来,使员工在各方面都能够符合企业的要求。

(四) 全员培训与重点提高相结合的原则

全员培训就是有计划、有步骤地对在职的所有员工进行培训,这是提高全体员工素质的必经之路。为了提高培训投入的回报率,必须重点对与企业兴衰有重大影响的管理和技术骨干,特别是中高层管理人员、有培养前途的梯队人员,有计划地进行培训与开发。

(五) 培训效果的反馈与强化原则

培训效果的反馈是指在培训后对员工进行检验,其作用在于巩固员工学习的技

能、及时纠正错误和偏差，反馈的信息越及时、准确，培训的效果就越好。强化则是指根据反馈而对接受培训的人员进行奖励或惩罚。其目的一方面是为了奖励接受培训并取得绩效的人员，另一方面是为了加强其他员工的培训意识，使培训效果得到进一步强化。

四、员工培训需求分析

培训需求分析是培训管理工作的第一环，是否能准确地预测和把握真实的需求直接决定了培训的合理性和有效性，从而影响整个组织的绩效和经营目标的实现。

（一）培训需求分析的意义

培训需求分析具有很强的指导性，是确定培训目标、设计培训计划、有效地实施培训的前提，是现代培训活动的首要环节，是进行培训评估的基础。其意义如下。

1. 提高员工职业技能和职业素质

通过培训需求分析，可以了解员工在哪些方面需要接受培训和学习，进而提高员工的职业技能和职业素质。

2. 提高组织或企业绩效

通过培训需求分析，可以了解员工的工作表现和职业发展需求，针对性地制订培训计划，从而提高员工的工作效率和绩效，进而提升组织或企业的整体绩效。

3. 实现组织或企业战略目标

通过培训需求分析，可以了解员工在实现组织或企业战略目标方面的不足，针对性地制订培训计划，从而更好地实现组织或企业的战略目标。

4. 提高员工对组织的满意度

通过培训需求分析，可以了解员工对组织的满意度和期望，针对性地制订培训计划和改进措施，从而提高员工对组织的满意度和忠诚度。

5. 为组织或企业未来发展提供支持

通过培训需求分析，可以为组织或企业未来发展提供支持和帮助，包括提高员工职业技能和职业素质、提升组织或企业绩效、实现组织或企业战略目标等方面。

（二）培训需求分析的内容

传统的培训需求分析一般包括战略层次分析、组织层次分析、员工层次分析。

1. 战略层次分析

战略层次分析一般由人力资源部发起，需要企业执行层或培训需求分析小组的密切配合。企业战略决定着培训目标，如果企业战略不明确，那么培训采用的标准就难以确定，培训工作就失去了指导方向和评估标准。因此，人力资源部必须弄清楚企业战略目标，方可在此基础上做出一份可行的培训规划。

2. 组织层次分析

组织层次分析主要分析的是企业的目标、资源、环境等因素，准确找出企业存在的问题,并确定培训是否是解决问题的最佳途径。组织层次的分析应首先将企业的长期目标和短期目标作为一个整体来考察,同时考察那些可能对企业目标发生影响的因素。

3. 员工层次分析

员工层次分析主要是确定员工目前的实际工作绩效与企业的员工绩效标准对员工技能的要求之间是否存在差距,为将来培训效果和新一轮培训需求的评估提供依据。

(三) 培训需求分析的实施程序

1. 做好前期准备工作

培训活动开展之前,培训者就要有意识地收集有关员工的各种资料。这样不仅能在培训需求调查时很方便地调用,而且能够随时监控企业员工培训需求的变动情况。

2. 制订培训需求调查计划

培训需求调查计划应包括以下几项内容:①培训需求调查工作的行动计划;②确定培训需求调查工作的目标;③选择合适的培训需求调查方法;④确定培训需求调查的内容。

3. 实施培训需求调查工作

在制订了培训需求调查计划以后,就要按计划规定的步骤依次开展工作。开展培训需求调查主要包括以下步骤。

(1) 提出培训需求动议或愿望。

(2) 调查、申报、汇总需求动议。

(3) 分析培训需求。分析培训需求需要关注以下问题:①受训员工的现状;②受训员工存在的问题;③受训员工的期望和真实想法。

(4) 汇总培训需求意见,确认培训需求。

4. 分析与输出培训需求结果

分析与输出培训需求结果主要包括:①对培训需求调查信息进行分类、整理;②对培训需求进行分析、总结;③撰写培训需求分析报告。

5. 撰写员工培训需求分析报告

撰写员工培训需求分析报告的目的在于对各部门申报、汇总上来的建议、培训需求的结果做出解释并提供分析结论,以最终确定是否需要培训及培训内容。需求分析结果是确定培训目标、设计培训课程计划的依据和前提。需求分析报告可为培训部门提供关于培训的有关情况、评估结论及建议。

(四) 培训需求信息的收集方法

培训需求信息的收集方法有很多种,在实际工作中培训管理人员通常使用一种以上的方法,因为采用不同的方法,在研究目标员工和他们的工作时,分析的准确程度会显著提高。常用的收集培训需求信息的方法有以下几种。

1. 面谈法

面谈法是指培训组织者为了解培训对象在哪些方面需要培训,就培训对象对于工作或对于自己的未来抱有什么样的态度,或者是否有什么具体的计划,并且由此而产生相关的工作技能、知识、态度或观念等方面的需求而进行的面谈方法。面谈法是一种非常有效的需求分析方法。培训者和培训对象面对面进行交流,可以充分了解相关方面的信息,有利于培训双方相互了解,建立信任关系,从而使培训工作得到员工的支持,而且会谈中通过培训者的引导提问,能使培训对象更深刻地认识到工作中存在的问题和自身的不足,激发其学习的动力和参加培训的热情。面谈中一般应包括以下一些问题。

(1) 你对组织现状了解多少?你认为目前组织存在的问题主要有哪些?谈谈你对这些问题的看法?

(2) 你对自己以后的发展有什么计划?你目前的工作对你有什么要求?你认为自己在工作过程中的表现有哪些不足之处?你觉得这些不足是由什么导致的?你希望我们在哪些方面给予帮助?

2. 重点团队分析法

重点团队分析法是指培训者在培训对象中选出一批熟悉问题的员工作为代表参加讨论,以调查培训需求信息。重点小组成员的选取要符合两个条件:一是他们的意见能代表所有培训对象的培训需求,一般是从每个部门、每个层次中选取数个代表参加;二是选取的成员要熟悉需求调查中讨论的问题,他们一般在其岗位中有比较丰富的经历,对岗位各方面要求、其他员工的工作情况都比较了解,通常由 8~12 人组成一个小组,其中有两名协调员,一人组织讨论,另一人负责记录。

3. 工作任务分析法

工作任务分析法是以工作说明书、工作规范或工作任务分析记录表作为确定员工达到要求所必须掌握的知识、技能、态度的依据,将其和员工平时工作中的表现进行对比,以判定员工要完成工作任务的差距所在。工作任务分析法是一种非常正规的培训需求调查方法,它通过岗位资料分析和员工现状对比得出员工的素质能力差距,结论可信度高。但这种培训需求调查方法需要花费的时间和费用较多,一般只是在非常重要的一些培训项目中才会运用。

4. 观察法

观察法是指培训者亲自到员工身边了解员工的具体情况,通过与员工一起工作,观察员工的工作技能、工作态度,了解其在工作中遇到的困难,收集培训需求信息的方法。观察法是最原始、最基本的需求调查工具之一,适合生产作业和服务性工作人员,而对于技术人员和销售人员则不太适应。这种方法的优点在于培训者与培训对象亲密接触,对他们的工作有直接的了解。但需要很长的时间,观察的结果也易受培训者对工作熟悉程度、主观偏见的影响等。

5. 问卷调查法

问卷调查法是指培训部门首先将一系列的问题编制成问卷,发放给培训对象填写,之后再回收进行分析的方法。调查问卷发放简单,可节省培训组织者和培训对象双方的时间,同时成本也较低,又可针对多人实施,所得资料来源广泛。但由于调查结果是间接取得的,无法断定其真实性,而且问卷设计、分析工作难度较大。

在进行调查问卷设计时,应注意以下问题。

(1) 语言简洁、问题清楚明了,不会产生歧义。
(2) 尽量采用匿名方式;多采用客观问题方式,易于填写。
(3) 主观问题要有足够空间填写意见。

五、培训计划的制订

(一) 培训计划的主要内容

微课:制订员工培训计划

培训计划是企业培训组织管理的实施规程,要使培训计划顺利实施,培训计划就必须具备以下几个内容。

(1) 培训目的或目标:即培训计划中的培训项目需要达到的培训目的、目标或结果。
(2) 培训原则:即制订和实施计划的规则。
(3) 培训需求:即特定工作的实际需求与任职者现有能力之间的距离。
(4) 培训对象:即培训项目是对什么人或者什么岗位的任职人员进行的,这些人员的学历、经验、技能状况如何。
(5) 培训内容:即每个培训项目的内容是什么。
(6) 培训时间:包括三个方面的内容,首先,培训计划的执行期或者有效期;其次,培训计划中每一个培训项目的实施时间或培训时间;最后,培训计划中每一个培训项目的培训周期或课时。
(7) 培训地点:包括两个方面的内容,一是每个培训项目的实施地点;二是实施每个培训项目时的集合地点或者召集地点。
(8) 培训形式和方式:即培训计划中的每个培训项目所采用的培训形式和培训方式,如是外派培训还是内部组织培训,是外聘教师培训还是内部人员担任培训讲师,是半脱产培训、脱产培训还是业余培训等。
(9) 培训教师:培训计划中每个培训项目的培训教师由谁来担任,是内聘还是外聘。
(10) 培训组织人:包括两个方面的人员,即培训计划的执行人或者实施人;培训计划中每一个培训项目的执行人或者责任人。
(11) 考评方式:每一个培训项目实施后,对受训人员的考评方式,分为笔试、面试、操作三种方式。笔试分为开卷和闭卷。笔试和面试的试题类型可分为开放式试题或者封闭式试题。
(12) 计划变更或者调整方式:指培训计划变更或者调整的程序及权限范围。
(13) 培训费用预算:分为两个部分,一部分是整体计划的执行费用,另一部分是每一个培训项目的执行或者实施费用。
(14) 签发人:本培训计划的审批人或者签发人。

培训计划可以像上述内容一样详细,也可以只制订一个原则和培训方向,在每个培训项目实施前再制订详细的实施计划。

(二) 培训方法的选择

培训方法的选择要和培训内容紧密相关,不同的培训内容适用于不同的培训方法。

不同培训方法有不同特点，在实际工作中，应根据公司的培训目的、培训内容以及培训对象，选择适当的培训方法。

1. 直接传授型培训法

直接传授型培训法适用于知识类培训，主要包括讲授法、专题讲座法和研讨法等。

2. 实践型培训法

实践型培训法简称实践法，主要适用于掌握技能为目的的培训。

实践培训法是通过让学员在实际工作岗位或真实的工作环境中，亲自操作、体验，以掌握工作所需的知识、技能的培训方法，在员工培训中应用最为普遍。这种方法将培训内容和实际工作直接结合，具有很强的实用性，是员工培训的有效手段，适用于从事具体岗位所应具备的能力、技能和管理实务类培训。主要包括工作指导法、工作轮换法、特别任务法、个别指导法。

3. 参与型培训法

参与型培训法是指通过调动培训对象积极性，让其在培训者与培训对象双方的互动中学习的方法。这类方法的主要特征是每个培训对象积极参与培训活动，从亲身参加中获得知识、技能，掌握正确的行为方法，开拓思维，转变观念。其主要形式有自学、案例研究法、头脑风暴法、模拟培训法、敏感性训练法和管理者训练法。

4. 态度型培训法

态度型培训法主要针对行为调整和心理训练，具体包括角色扮演法和拓展训练等。

5. 科技时代的培训方式

随着现代社会信息技术的发展，大量的信息技术被引进到培训领域。在这种情况下，新兴的培训方式不断涌现，如网上培训、虚拟培训等培训方式在很多公司受到欢迎。

1) 网上培训

网上培训又称基于网络的培训，是指通过企业的内部网或因特网对学员进行培训的方式。它是将现代网络技术应用于人力资源开发领域而创造出来的培训方法，以其无可比拟的优越性而受到越来越多企业的青睐。

2) 虚拟培训

虚拟培训是指利用虚拟现实技术生成实时的、具有三维信息的人工虚拟环境，学员通过运用某些设备接受和响应环境的各种感官刺激而进入其中，并可根据需要通过多种交互设备来驾驭环境、操作工具和操作对象，从而达到提高培训对象各种技能或学习知识的目的。

6. 其他方法

除上述培训方法外，还有函授、业余进修，开展读书活动，参观访问等方法，这些方法是通过参加者的自身努力、自我约束能够完成的，公司只起鼓励、支持和引导作用。

（三）培训的经费预算

进行培训计划的经费预算，需分析以下因素和指标。

（1）确定培训经费的来源，是由企业承担，还是企业和员工共同承担。

（2）确定培训经费的分配与使用。

(3) 进行培训成本—收益计算。
(4) 制订培训预算计划。
(5) 培训费用的控制及成本降低。

（四）培训计划书的撰写

培训计划书最终体现整个培训的思路，以及培训规划。一份高质量的培训计划书，有利于领导直观地了解培训的需求、目标和具体实施内容，增加培训效果的说服力。培训计划书应该简洁、逻辑清晰、结构明了，避免刻板的文字描述，增加图表等表现方式。

一般而言，培训计划书包含以下几个部分。

(1) 封面与目录。任何一份计划书都应该制作封面和目录，以显示对此项工作的重视。

(2) 摘要。列出培训计划中的关键内容，并对关键内容进行简单的论述，但篇幅不宜超过半页。

(3) 培训工作的重点与目标。主要包括培训的体系建设、培训课程开发、规划实施具体步骤等。

(4) 需求调查与结果分析。阐述培训需求调查的内容、采用具体的方法、培训需求调查推进情况和培训需求调查的结论。这一部分，一般用各项数据和图表形式来表现。

(5) 培训内容安排。各项课程内容的计划表，包括具体的课程时间安排。

(6) 费用预算。包括培训的总费用和各分项目的培训费用预算。

(7) 培训实施保障措施。包括软件、硬件的保障。

(8) 潜在问题分析。对培训过程中可能会出现的问题与阻力展开讨论，并分析原因，简要给出应对方案。

(9) 结论与建议。

(10) 附件。与培训计划相关的资料可以列为附件，如培训需求的统计汇总表、汇总报告、培训内容计划表、其他说明性资料等。

 **学习资源**

培训需求调查表

任务演练

培训需求分析如表 4-1 所示。

表 4-1　培训需求分析

任务编号:4-1	建议学时:4 课时
实训地点:校内专业实训室	小组成员姓名:

一、任务描述
1. 演练任务:培训需求分析;
2. 演练目的:掌握培训需求分析的方法;
3. 演练内容:小组成员深入校企合作企业,按照培训需求信息收集方法,分析该企业员工培训需求,撰写培训需求分析报告

二、相关资源
1. 以"培训需求分析"为关键词查询相关网络资料;
2. 进入案例网,收集员工培训案例

三、任务实施
1. 完成分组,6 人为一小组,选出组长;
2. 深入校企合作企业,分析企业员工培训需求;
3. 小组撰写培训需求分析报告,选出代表进行汇报

四、任务成果
(此处填写点评稿)
(一)案例简介

(二)案例分析

(三)培训需求分析

五、任务执行评价

任务评分标准

序号	考核指标	所占分值	备　　注	得分
1	完成情况	10	在规定时间内完成并按时上交	
2	分析内容	40	内容丰满、分析明晰、问题合理	
3	分析报告质量	50	分析全面,结论正确	
		总　分		

指导教师:　　　　　　　　　　　　　　　　　　　　　　　　日期:　年 月 日

扫码下载任务单

活页笔记

学习过程

重、难点记录

学习体会与收获

任务二　培训的组织实施与效果评估

案例引入

RB 制造公司的培训

知识链接

一、培训的组织与实施

培训的组织与实施是指把培训计划付诸实践的过程,是达到预期培训目标的基本途径。培训计划能否成功实施,除了有完善的培训计划外,培训计划的严格认真实施与科学管理也都极为重要。

(一)前期准备工作

在新的培训项目即将实施之前,做好各方面的准备工作,是培训成功实施的关键。准备工作主要包括以下几个方面。

1. 确认并通知参加培训的学员

如果先前的培训计划已有培训对象,在培训实施前必须先进行一次审核,看是否有变化,须考虑的相关因素如下:学员的工作内容、工作经验与资历、工作意愿、工作绩效、公司政策、所属主管的态度等。

2. 确认培训后勤准备

确认培训场地和设备,须考虑如下相关因素:培训性质、交通情况、培训设施与设备、行政服务、座位安排、费用(场地、餐费)等。

3. 确认培训时间

确认培训时间须考虑如下相关因素:能配合员工的工作状况、合适的培训时间长度(原则上白天 8 小时、晚上 3 小时为宜)、符合培训内容、教学方法的运用、时间控制。

4. 相关资料的准备

相关资料的准备主要包括课程资料编制、设备检查、活动资料准备、座位或签到表印制、结业证书等。

(二) 培训实施阶段

1. 课前工作

(1) 准备茶水、播放音乐。

(2) 学员报到,要求在签到表上签名。

(3) 引导学员入座。

(4) 课程及讲师介绍。

(5) 学员心态引导、宣布课堂纪律。

2. 培训开始的介绍工作

做完准备工作后,培训就进入具体实施阶段。无论什么培训课程,开始实施后要做的第一件事都是介绍,具体内容如下。

(1) 培训主题。

(2) 培训者的自我介绍。

(3) 后勤安排和管理规则介绍。

(4) 培训课程的简要介绍。

(5) 培训目标和日程安排的介绍。

(6) "破冰"活动,即打破人与人之间相互怀疑的状态,帮助人们放松心态并变得乐于交往,以促进团队融合的活动。

(7) 学员自我介绍。

3. 培训器材的维护、保管

对培训的设施、设备要懂得爱护,小心使用,对设备要定期除尘,不要把食物、饮料放在设备附近等。

4. 培训实施过程中的服务与协调工作

(1) 注意观察讲师的表现、学员的课堂反应,及时与讲师沟通、协调。

(2) 协助上课、休息时间的控制。

(3) 做好培训记录(录音)、摄像、录像工作。

(三) 培训结束后的工作

(1) 向培训师致谢。

(2) 作问卷调查。

(3) 颁发结业证书。

(4) 清理、检查设备。

(5) 培训效果评估。

二、培训效果评估

(一) 培训效果评估的意义

员工培训效果评估是企业培训工作最后的也是极为重要的一个阶段。它是通过建立培训效果评估指标和标准体系,对员工培训是否达到了预期的目标,培训计划是否有效实施等进行全面检查、分析和评价,然后将评估结果反馈给主管部门,作为以后制订、修订员工培训计划,以及进行培训需求分析的依据。

(二) 培训效果评估的指标

1. 认知成果

认知成果可用来衡量受训者对培训项目中强调的原理、事实、技术、程序或过程的熟悉程度。认知成果用于衡量受训者从培训中学到了什么,一般应用笔试来评估认知结果。

2. 技能成果

技能成果用来评估技术或运动技能及行为方式的水平,它包括技能的获得与学习(技能学习)及技能在工作中的应用(技能转换)两个方面。可通过观察在工作抽样(如模拟器)中的绩效来评估受训者掌握技能的水平。技能转换通常是用观察法来判断的。

3. 情感成果

情感成果包括态度和动机在内的成果。评估情感成果的重要途径是了解受训者对培训项目的反应。反应是受训者对培训项目的感性认识,包括对设施、培训教师和培训内容的感觉。这类信息通常是在课程结束时收集的。

4. 绩效成果

绩效成果用来决策公司为培训计划所支付的费用。绩效成果包括由于员工流动率或事故发生率的下降导致的成本降低、产量的提高及产品质量或顾客服务水平的改善。

5. 投资回报率

投资回报率是指培训的货币收益和培训成本的比较。培训成本包括直接成本和间接成本,收益指公司从培训中获得的价值。

(三) 培训效果评估内容及方法

1. 反应层次的评估

培训的反应层次的评估,主要评估受训者对培训项目与培训人员的基本反应,表明他们对培训进度与培训内容的接受情况。可以通过培训中观察受训者的反应和培训后由受训者填写调查问卷对培训项目和培训讲师两方面进行评估。培训反应层次的评估,建议在培训即将结束前进行,以避免受训者急于离开而无法认真填写调查问卷,同时建议受训者在调查问卷中留下姓名。这样,一方面可以要求受训者对自己的评估负责,另一方面也可以帮助追踪个别受训者的培训效果或提供额外的辅导。具体如表4-2所示。

表4-2 反应层次评估问卷

您好!

  本问卷的主要目的在于了解您对此次培训的整体评价,我们期望能够通过本问卷了解您真实、具体的感受和建议,以便我们可以更好、更快地改善和提高培训服务的技能与技巧,从而能够在下次培训中为您提供更优质的培训服务!再次感谢您的支持与帮助!

第一部分:受训者基本信息

姓名:　　　　　　　　　工作部门:　　　　　　　　　日期:

培训项目名称:

培训地点:

第二部分:培训课程

1. 我对本次培训的整体印象是:
   - 有兴趣　　　1 2 3 4 5　　没有兴趣
   - 进度太快　　1 2 3 4 5　　进度太慢
   - 太简单　　　1 2 3 4 5　　太难了
   - 与工作相关　1 2 3 4 5　　与工作不相关
   - 结构清晰　　1 2 3 4 5　　结构不清晰
   - 组织良好　　1 2 3 4 5　　组织不好
   - 轻松　　　　1 2 3 4 5　　紧张

2. 您认为本次培训在整体课程设计上是否系统、完整?
   ○非常系统　○系统　○一般　○不太系统　○十分零散、不系统
   为什么?

3. 您认为该培训内容是否与您的工作密切相关?
   ○密切相关,随后可以立刻应用于工作中
   ○密切相关,但目前本企业尚未建立相应的工作流程或职能,需要自己转化
   ○有一定的用处,可以考虑在工作中应用或尝试
   ○一般
   ○无用
   为什么?

4. 您认为本次的培训内容
   ○内容新颖,之前未系统地了解相关内容
   ○内容新颖且具有一定的挑战性
   ○老生常谈,没有新意
   ○内容空洞
   为什么?

5. 培训教材与辅助材料是否有帮助?
   ○非常有参考价值　○有一定的参考价值　○一般　○内容不具体,不充分
   为什么?

6. 本次培训的时机是否合适?
   ○太迟　○适当　○应另外安排时间
   您认为合适的时机是:

7. 您认为培训内容方面最大的优点和缺点是什么?
   优点:
   缺点:

续表

第三部分:培训讲师
您认为此次培训中讲师授课整体效果的综合评价(知识水平、仪表、仪态等)?
姓名:
很好　较好　一般　较差　极差
为什么?

第四部分:培训风格
1. 您认为本次的培训过程中现场气氛:
○非常好　○较好　○一般　○较差很差
为什么?
2. 您认为讲师在培训中是否有效引导着整体的教学进度与现场反应?
○非常有效　○较好　○一般　○较差　○很差
为什么?

第五部分:个人感受
1. 您认为培训课程中哪些部分是您最感兴趣的?为什么?

2. 您认为培训课程中哪些部分是您最不感兴趣的?

3. 您认为培训课程中哪些部分对您的工作最有帮助的?为什么?

4. 您认为培训课程中哪些部分对您的工作最没有帮助的?为什么?

5. 您认为本次培训可以在哪些方面进一步改善(请列出三个方面)?

6. 您认为目前工作中最大的问题或困难是什么?本次培训是否能够帮助您提高处理类似问题的能力和相关知识?为什么?

7. 下次您最愿意参加哪些方面的培训?(请列举出三个您认为最有必要或感兴趣的方面)

其他说明
如果您有什么好的建议、要求或需要对以上内容作进一步解释,请在此详细说明

2. 学习层次的评估

学习层次的评估,主要是针对培训内容和培训项目的整体情况以及受训者对培训内容的掌握程度而进行评估,旨在评估受训者是否能够达成预期的学习目标以及今后将该类培训内容应用于工作的可能性。两个典型的评估目标包括知识点(基本概念、技能等相关培训内容)和标准(熟悉这些知识、技能并知道从事本职工作应掌握的技能标准)。具体如表4-3所示。

表4-3　学习层次的评估问卷

受训者姓名:　　　　　　　　　　　　部门:
培训项目名称:　　　　　　　　　　　时间:
1. 在工作中您遇到的最大的困难是什么?为什么您认为这会对您的工作带来一定的困难?

续表

  2. 通过本期培训,您有哪些方面的收获?您是否感觉可以帮助您解决在问题 1 中提到的困难?请结合工作具体说明。

  3. 本次培训巩固了您哪些方面的知识?请结合工作具体说明。

  4. 经过本次培训后,您将在今后的工作中采用何种与以前不同的方式做事?

  5. 为配合今后工作的开展,您认为自己还需要哪些方面的知识与技能培训?(或:您认为自己目前的技能处于什么水平?今后希望提高到什么水平?)

3. 行为层次的评估

  行为层次的评估主要是明确行为的标准是否已经被接受和掌握。这些标准同学习层次的目标比较相似,但更侧重于如何在实际工作中应用并形成实际的产出。通常评估的内容应该考虑企业绩效考核体系和实际工作的需要。行为层次的评估需要考虑的具体问题:①有什么新的或改进的知识技能可以应用于工作;②有什么新的工作标准将被使用;③这些技能应用的频率如何;④在某一岗位上有哪些新的职责需要履行;⑤有什么新的工作程序(或流程)将被应用;⑥将执行哪些具体的行动方案。

4. 结果层次的评估

  对结果层次的评估一般在行为层次的基础上进行,需要评估的内容主要包括刚性指标(产出、质量、成本、时间)和柔性指标(包括客户服务、工作环境、工作习惯)等。结果层次的评估只有在企业整体经营效果有了改善之后才便于进行。具体如表 4-4 所示。

表 4-4 可应用于行为、结果层次评估中的指标示例

类别	指标示例
第一部分:刚性指标	
产出	单位时间内的产出单位(如吨、米等) 单位产出所需要的时间 单位时间内装配的零件量 生产率 销售回收比率 库存周转期 完成项目书 销售周期内的订货额(量) 新客户开发量与实际销售额
成本	单位成本 单个客户成本 固定成本(以及下降率) 变动成本(以及下降率) 管理费用(以及下降率) 操作成本(以及下降率) 误工成本(以及下降率) 废品成本(以及下降率) 销售成本(以及下降率)

续表

类别	指标示例
时间	开工期与停工期 加班时间 准时交货率 项目完成时间 准备时间 指导时间 新员工训练费用 培训时间 维修时间 工作中断时间 订单回复时间 延误报告时间
第二部分:柔性指标	
工作习惯	缺勤率 违反安全条例的行为 客户拜访管理 额外加班 订单追踪
工作氛围	内部投诉数量 工作满意度 团队向心力 员工忠诚度 增强的信心
客户服务	顾客抱怨与投诉数量 顾客满意度 顾客维系率 顾客忠诚度 丧失的顾客数量
员工职业发展	获得提升的员工(数量与比例) 薪资增长(数量与比例) 参加的培训项目(数量) 员工要求换岗 工作效率的提升
创新与变革	新思想的应用 项目成功完成率 内部建议的数量 发展目标 向市场推广的新产品与服务 新获审批的专利数量与知识产权数量

学习资源

培训效果满意度调查表

任务演练

培训效果评估如表4-5所示。

表4-5 培训效果评估

任务编号:4-2	建议学时:4课时
实训地点:校内专业实训室	小组成员姓名:

一、任务描述
1. 演练任务:培训效果评估;
2. 演练目的:掌握培训实施的方法;
3. 演练内容:每人收集某企业员工培训案例,按照培训效果评估方法,对案例中培训效果进行评估,并作出案例点评

二、相关资源
1. 以"培训效果评估"为关键词查询相关网络资料;
2. 进入案例网,收集员工培训案例

三、任务实施
1. 完成分组,6人为一小组,选出组长;
2. 查找企业员工培训案例,对案例中培训效果进行评估;
3. 小组撰写培训案例评估报告,选出代表进行汇报

四、任务成果
(此处填写点评稿)
(一)案例简介

续表

（二）案例分析

（三）培训实施过程分析

五、任务执行评价

任务评分标准

序号	考核指标	所占分值	备注	得分
1	完成情况	10	在规定时间内完成并按时上交	
2	分析内容	40	内容丰满、分析明晰、问题合理	
3	分析报告质量	50	分析全面，结论正确	
			总 分	

指导教师：

日期： 年 月 日

扫码下载任务单

活页笔记

学习过程

重、难点记录

学习体会与收获

模块五 职业生涯管理

导 读

职业生涯管理是现代企业人力资源管理的重要内容之一，是企业帮助员工制订职业生涯规划和帮助其职业生涯发展的一系列活动，现代企业管理学如工商管理硕士（MBA）、高级工商管理硕士（EMBA）等将职业生涯管理看作竭力满足管理者、员工、企业三者需要的一个动态过程。

高职院校学生需要制订自己的个人职业生涯规划，通过这种方式，不但能够给自己树立一个目标，也能够让自己在学习方面更有针对性，有助于当下合理地安排自己的学习和生活，学会分析各项工作的轻重缓急，抓住工作重点，使自己奋勇前进。

通过本模块的学习，学生能够在理解职业含义的基础上，掌握职业生涯规划的相关知识，学会分析职业生涯规划案例，借鉴案例学习职业生涯规划，并能够简单规划自己的职业生涯和撰写自己的职业生涯规划。

知识目标
- 掌握职业生涯、职业规划、职业生涯管理的内涵。
- 掌握两种著名的职业选择理论。
- 了解职业生涯发展及其阶段理论和职业锚理论。

能力目标
- 能够理解职业生涯规划的重要性。
- 能够设计个人职业生涯计划。
- 能够制订平衡自身家庭与职业的措施。
- 能够针对组织的不同职业生涯阶段，调整自身的企业规划重心。

素质目标
- 培养学生进行自身职业生涯规划的意识。
- 培养学生信息收集、筛选、整理资料的能力。
- 培养学生判断分析能力和敏锐的观察力。
- 培养学生系统思考和独立思考的能力。
- 培养学生良好的表达能力。
- 培养学生良好的团结协作能力。
- 培养学生分析问题、解决问题的能力。

任务一 个人职业生涯规划案例点评

案例引入

钟南山的职业生涯

知识链接

一、职业的概念

职业是指人们从事的相对稳定的、有收入的、专门类别的工作。"职"字的含义是职责、权力和工作的位置,"业"字的含义是事情、技术和工作本身。进一步来说,是一个人的权利、义务、权力、职责,即一个人社会地位的一般性表征。也可以说,职业是人的社会角色的一个极为重要的方面。

现代管理学的发展趋势是,越来越讲求组织运行中的社会层和文化内容,这使组织成员"人"的地位逐渐回归。在现代管理活动中,组织也就日益注意员工个人的职业问题,而不仅是从"组织分工"的单一角度出发进行人力资源的开发与管理,在最具有现代管理理念的组织中,甚至从员工的个人意愿和生涯出发进行人力资源的开发与管理。

二、职业生涯基本分析概述

(一) 职业生涯的概念

"生涯",有人生经历、生活道路和职业、专业、事业的含义。在人的一生中,有少年、成年、老年几个阶段,成年阶段无疑是职业生涯最重要的时期。这一时期之所以最重要,正因为这是人们从事职业生活的关键时期,是人生全部生活的重要阶段。因此,人的一生在职业方面的发展历程就是职业生涯。

美国社会心理学家麦克法兰德指出:生涯是指一个人依据心中的长期目标所形成的一系列工作选择及相关的教育或训练活动,是有计划的职业发展历程。美国著名职业问题专家萨帕指出:生涯是生活中各种事件的前进方向和历程,是整合人一生中的各种职业和生活角色，由此表现出个人独特的自我发展组型；也是人自青春期开始直至退休之后，一连串有酬或无酬职位的综合，甚至包括副业、家庭和公民的角色。

职业生涯是指一个人一生在职业岗位上度过的、与工作活动相关的连续经历。职业生涯是一个动态过程，它一方面反映人们参加工作时间的长短，同时也涵盖了人们职业的发展、变更的历程和过程；另一方面是以心理、生理、智力、技能、伦理等人的潜能的开发为基础，以工作内容的确定和变化、工作业绩的评价、工作待遇、职称职务的变动为标志，以满足需求为目标的工作经历和内心体验的经历。

（二）职业生涯的三个时期

在人生漫长的职业生涯各个时期中，从人在工作岗位的角度，可以分为早期、中期、后期三个时期，在这三个时期，人们的职业生涯有着不同的、特定的任务。具体内容如表 5-1 所示。

表 5-1　职业生涯的三个时期

阶　　段	所关心的问题	应开发的工作
早期 职业生涯	1. 首先是要得到工作； 2. 学会处理和应对日常工作中所遇到的各种麻烦； 3. 要为成功地完成所分派的任务而承担责任； 4. 要作出改变职业和换掉工作单位的决定	1. 了解和评价职业和工作单位的信息； 2. 了解工作和职业的任务、职责； 3. 了解如何与上级、同事及其他人处理好（工作方面）关系； 4. 开发某一方面或更多方面的专门知识
中期 职业生涯	1. 选择专业和决定承担义务的程度； 2. 确定从事的专业，并落实到工作单位； 3. 确定生涯发展的行程和目标等； 4. 在几种可供选择的生涯方案中作出选择（如技术工作还是管理职位）	1. 开辟更宽的职业道路； 2. 了解自我评价的信息（如工作的成绩效果）； 3. 了解如何正确解决工作、家庭和其他利益之间的矛盾
后期 职业生涯	1. 取得更大的责任或缩减在某一点上所承担的责任； 2. 培养关键性的下属或接班人； 3. 工作交接给他人	1. 进一步培养个人对工作的兴趣，拓展所掌握技术的广度； 2. 了解工作和单位的其他综合性成果； 3. 了解合理安排生活之道，避免完全被工作所控制

三、职业选择理论

英国经济学家舒马赫指出职业具有三个关键功能："一是给人们提供一个发挥和提高自身才能的机会；二是通过和别人一起共事来克服以自我为中心的意识；三是提供生产所需的产品和服务。"而职业选择实际上是实现上述三方面功能的前提。在人的整个职业生涯乃至整个人生当中，职业选择是极其重要的环节。如哲学家罗素所言："选择职业是人生大事，因为职业决定了一个人的未来，选择职业，就是选择将来的自己。"

职业选择是劳动者依照自己的职业期望和兴趣，凭借自身能力挑选职业，使自身能力素质与职业需求特征相符合的过程。职业选择是一项非常复杂的工作，会受到多种因素的影响，人们一般会从自己的职业期望和理想出发，根据个人的兴趣、能力、特点等自身素质，从社会已有的职业中选择适合自己的职业。鉴于职业选择对个人事业及生活的重要影响，许多心理学家和职业指导专家对职业选择问题进行了专门的研究,提出了不同的理论。

(一)帕森斯的人与职业相匹配理论

人与职业相匹配的职业选择理论,由美国波士顿大学的帕森斯教授提出,是用于职业选择与职业指导的最经典理论之一。1909年,帕森斯在其所著的《选择一个职业》一书中提出了人与职业的匹配是职业选择的焦点的观点。他认为,每个人都有自己独特的人格模式,具有不同人格模式的个人都有与其相适应的职业类型,所以人们选择职业时应寻求与个人特性相一致的职业。他认为,有三大因素影响职业选择:第一,要了解个人的能力倾向、兴趣爱好、气质性格特点和身体状况等个人特征;第二,分析各种职业对人的要求,以获得相关的职业信息,包括职业的性质、工资待遇、工资条件以及晋升的可能性、求职的最低条件(如学历要求、身体要求、所需的专业训练等)以及其他各种能力,就业的机会等;第三,以上两个因素的平衡,即在了解个人特征和职业要求的基础上,选择确定一种适合个人特点又可获得的职业。

帕森斯理论的内涵即在清楚认识、了解个人的主观条件和社会职业需求条件的基础上,将主客观条件与社会职业岗位相对照、相匹配,最后选择一种职业需求与个人特长匹配的职业。该理论在职业指导和职业选择实践中有着深刻的指导意义。

(二)霍兰德的职业性向理论

美国约翰·霍普金斯大学心理学教授霍兰德是美国著名的职业指导专家。他于1971年提出了具有广泛社会影响的职业性向理论,他认为职业选择是个人人格的反映和延伸,职业选择取决于人格与职业的相互作用。

这一理论首先将职业归属为六种典型的"工作环境":①现实型的,建筑、驾驶卡车、农业耕作;②调研型的,科学和学术研究;③艺术型的:雕刻、表演和书法;④社会型的,教育、宗教服务和社会性工作;⑤企业型(开拓性)的,销售、政治和金融;⑥常规型的,会计、计算机技术、药理学。

根据自己对职业性向测试的研究,霍兰德认为职业性向是决定一个人选择何种职业的重要因素,进而提出了决定个人选择何种职业的六种基本的"人格性向":现实型、调研型、艺术型、社会型、企业型、常规型。由于不同类型的人其人格特点、职业兴趣各不相同,从而所选择和匹配的职业类型也不相同。因此,所能选择和对应的职业也相应分为六种基本类型,如表5-2所示。

表 5-2 霍兰德人格性向与职业类型对应表

人格性向	人格特点	职业兴趣	代表性职业
现实型	真诚坦率,重视现实,讲求实际,有坚持性、实践性、稳定性	各类工程技术工作、农业工作,通常需要一定的体力,需要使用工具或操作机器	体力劳动者、机器操作者、农民、矿工、园艺工人、工程技术人员等
调研型	分析性、批判性、好奇心、有理想、内向的、有推理能力的	各项科学研究与科学实验工作	物理学家、化学家、生物学家、医学技术人员等自然科学与社会科学方面的研究与开发人员

续表

人格性向	人格特点	职业兴趣	代表性职业
艺术型	感情丰富的、理想主义的、富有想象力的、易冲动的、有主见的、直觉的、情绪性的	各类艺术创作工作	诗人、艺术家、文学家、音乐家、演员、画家、剪辑师、设计师等
社会型	富有合作精神的、友好的、乐于帮助别人的、和善的、爱社交的	各种直接为他人服务的工作,如医疗服务、教育服务、生活服务等	教师、行政人员、医护人员、社会工作人员、咨询师、精神健康工作者等
企业型	喜欢冒险的、有雄心壮志的、精神饱满的、乐观的、自信的、健谈的	组织与影响他人共同完成组织目标的工作	企业经理人、推销员、政府官员、律师、政治家等
常规型	谨慎的、有效的、无灵活性的、服从的、守秩序的、能自我控制的	各类与文件档案、图书资料、统计数据及报表等相关的行政工作	会计、出纳、银行职员、统计员、图书及档案管理员、邮递员、文秘等

霍兰德职业性向理论的实质在于寻求人的人格类型所对应的职业性向与职业类型的对应。按照这一理论,最为理想的职业选择应是个人能够找到与其人格类型相重合的职业环境。在这样的环境中工作,个人就容易感到内在的满足和舒适,最有可能发挥其才能,即职业性向与职业类型的相关系数越大,二者适应程度越高;二者相关系数越小,相互适应程度就越低。

霍兰德职业兴趣测试

四、职业生涯规划

职业生涯规划也叫"职业规划",又叫"生涯规划""人生规划"。职业生涯规划是指个人与组织相结合,在对一个人职业生涯的主客观条件进行测定、分析、总结的基础上,对自己的兴趣、爱好、能力、特点进行综合分析与权衡,结合时代特点,根据自己的职业倾向,确定其最佳的职业奋斗目标,并为实现这一目标作出行之有效的安排。

微课:职业生涯规划

职业生涯规划最早起源于1908年的美国。有"职业指导之父"之称的弗兰克·帕森斯针对大量年轻人失业的情况,成立了世界上第一个职业咨询机构——波士顿地方就业局,首次提出了"职业咨询"的概念。从此,职业指导开始系统化。到20世纪五六十年代,萨伯等人提出"生涯"的概念,于是生涯规划不再局限于职业指导的层面。

> **小知识**
>
> ### 职业生涯规划的适用人群
>
> 你是在校学生或者已经工作,需要谋划出清晰的未来。
> 你正在求职或将要求职,却没有清晰而精准的求职目标。
> 你对未来感到迷茫,搞不清楚应该向哪个方向发展。

你不喜欢当下在做的工作,对工作提不起劲来。
你每天忙碌,但成果有限。
你感觉职业发展不顺、徘徊不前,你看不到前途。
你对是否跳槽犹豫不决。
你希望工作稳定,收入更高,职业生涯发展顺利。
你想创业,但不知道自己是否适合创业。
你希望能学些专业的方法、理念,从而有效掌控自己的职业生涯。
以上都是适合于通过专业的职业规划解决自身的职业问题的。

——摘自:洪向阳.10天谋定好前途:职业规划实操手册[M].北京:中国经济出版社,2021.

任务演练

职业生涯规划案例点评如表5-3所示。

表 5-3 职业生涯规划案例点评

任务编号:5-1	建议学时:4课时
实训地点:校内专业实训室	小组成员姓名:

一、任务描述
1. 演练任务:职业生涯规划案例点评;
2. 演练目的:分析成功职业生涯规划案例;
3. 演练内容:分析某成功个体职业生涯规划的过程,找出其职业生涯规划成功的关键点(不少于500字)

二、相关资源
1. 以"职业生涯规划成功案例"为关键词查询相关网络资料;
2. 进入中国人力资源开发网,查找职业生涯规划成功案例

三、任务实施
1. 完成分组,4~6人为一小组,选出组长;
2. 围绕职业生涯规划成功案例这一主题查询资料,进行整理和分析,提交任务单;
3. 小组撰写PPT,选出代表进行汇报

四、任务成果
(此处填写点评稿)
(一)案例简介

续表

（二）案例分析

（三）过程点评

（四）总结

五、任务执行评价

任务评分标准

序号	考核指标	所占分值	备注	得分
1	完成情况	10	在规定时间内完成并按时上交	
2	内容	50	内容丰满、图文并茂、PPT精美	
3	点评质量	40	准确分析职业生涯规划成功案例的关键点，有自己的观点	
总　分				

指导教师： 　　　　　　　　　　　　　　　　　　　　日期：　年　月　日

扫码下载任务单

活页笔记

学习过程

重、难点记录

学习体会与收获

任务二　撰写职业生涯规划

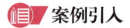

年轻骨干员工的职业生涯抉择

一、职业规划

职业规划是指对人们职业生涯的规划和安排,包括个人计划与组织计划两个层次。从个人层次看,每个人都有从现在和将来的工作中得到成长、发展和获得满意的强烈愿望与要求。为了实现这种愿望和要求,他们不断地追求理想的职业,并希望在自己的职业生涯中得到顺利的成长和发展,从而制订自己成长、发展和不断追求满意的计划。从组织的层次看,职业规划是指组织为了不断地提高员工的满意度并使其能与组织的发展和需要统一起来而制订的,协调员工个人成长、发展与组织需求和发展相结合的计划。

二、职业生涯管理

职业生涯管理又称职业管理,是对职业生涯的设计与开发的过程。它同样需要从个人和组织两个不同的角度进行。从个人角度讲,职业生涯管理就是一个人对自己所要从事的职业、要加入的工作组织、在职业发展上要达到的高度等做出规划和设计,并为实现自己的职业目标而积累知识、开发技能的过程。它一般通过选择职业、选择组织、选择工作岗位,通过在工作中技能得以提高、职位得到提升、才干得到发挥。而从组织角度讲,则是指对员工所从事的职业所进行的一系列计划、组织、领导和控制的管理活动,以实现组织目标和个人发展的有机结合。

现代企业人力资源管理要求企业组织具有"职业发展观"。职业发展观的主要内容是,企业要为其成员构建职业发展通道,使之与组织的需求相匹配、相协调、相融合,以达到满足组织及其成员各自需要,同时实现组织目标与员工个人目标的目的。职业发展观的核心是要使员工个人职业生涯与组织需求在相互作用中实现协调与融合。要实现该目标,组织对员工的职业生涯管理就必不可少。职业生涯管理是组织与员工双方的责任,它贯穿于员工职业生涯发展的全过程和组织发展的全过程,是一种持续的、动态的管理。

根据职业生涯管理的内涵与特点,其管理流程如图 5-1 所示。

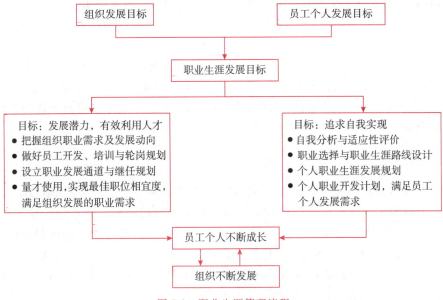

图 5-1 职业生涯管理流程

三、职业生涯发展理论

在个人漫长的职业生涯中,尽管个人的具体情况、职业选择与职业转换等情况各不相同,但是良好的职业发展却是每个人的共同追求。职业生涯发展是指个体逐步实现其职业生涯目标,并不断制订和实施新的目标的过程。职业生涯发展的形式多种多样,主要可分为职务变动发展与非职务变动发展两种基本类型。职务变动发展包括晋升和平行两种方式,而非职务变动发展则包括工作的范围扩大、观念改变及方法创新等内容,两种形式都是个人发展的路径选择,也都意味着个人能力的提高和收入的增加。

更普遍的是,伴随着年龄的增长,每个人在不同的年龄阶段表现出大致相同的职业特征和职业需求以及职业发展任务。因此,一些著名的职业管理专家对于职业生涯的发展过程经过长期研究,发现并总结出了许多关于职业生涯发展的理论和规律。这些理论主要有职业生涯发展阶段理论及职业锚理论。

(一)职业生涯发展阶段理论

人的生命是有周期的,常常把人生分为幼年、少年、青年、壮年和老年几个阶段,而作为人生组成部分的职业生涯同样也要经历几个阶段,通常也将其称作职业周期。在职业周期的不同阶段,人的性格、兴趣、知识水平及职业偏好都有不同。美国著名的职业管理学家萨伯将人的职业生涯分为如下五个主要阶段。

1. 成长阶段

成长阶段大体上可以界定为 0～14 岁这一年龄段。在这个阶段,个人通过对家庭成员、朋友、老师的认同以及与他们之间的相互作用,逐渐建立起了自我的概念。在这一时期,儿童将尝试各种不同的行为方式,使得他们形成了人们如何对不同行为做出反应的印象,并帮助他们建立起一个独特的自我概念和个性。到这一阶段结束的时候,进入青春期的青少年经历了对职业的好奇、幻想到兴趣,开始对各种可选择的职业进行带有现实性的思考了。

成长阶段又由三个子阶段构成:①幻想期(10 岁之前),从外界感知到许多职业,对于自己觉得好玩和喜爱的职业充满幻想,并进行模仿;②兴趣期(11～12 岁),以兴趣为中心理解、评价职业,开始做职业选择;③能力期(13～14 岁),开始考虑自身条件与喜爱的职业是否符合,有意识地进行能力培养。

2. 探索阶段

探索阶段大体上发生在 15～24 岁这一年龄段。在这一时期,人们将认真地探索各种可能的职业选择。人们试图将自己的职业选择与他们对职业的了解,以及通过学校教育、休闲活动和业余工作等途径所获得的个人兴趣和能力匹配起来。在这一阶段的初期,人们往往做出一些带有试验性质的较为宽泛的职业选择,但随着个人对选择职业以及自我的进一步了解,他们的这种最初选择往往又会被重新界定。待这一阶段结束时,一个看上去比较恰当的职业就已经被选定,他们也已经做好了开始工作的准备,人们在这个阶段需要完成的最重要任务就是对自己的能力和天资形成一种现实性的评价,并根据各种职业信息作出相应的教育决策。

探索阶段又可分为以下三个子阶段:①试验期(15～17 岁),综合认识和考虑自己的兴趣、能力与职业社会价值、就业机会,开始对未来职业进行尝试性选择;②转变期(18～21 岁),正式进入劳动力市场,或者进行专门的职业培训,由一般性的职业选择转变为特定目标职业的选择;③尝试期(22～24 岁),选定工作领域开始从事某种职业,对职业发展目标的可行性进行试验。

3. 确立阶段

确立阶段一般为 25～44 岁这一年龄段。这是大多数人职业生涯中的核心部分。人们一般希望在这一阶段尤其是在早期能够找到合适的职业,并随之全力以赴地投入有助于自己在此职业中取得永久发展的各种活动中。然而,在大多数情况下,在这一阶段人们仍然在不断地尝试与自己最初的职业选择所不同的各种能力和理想。

确立阶段本身又由三个子阶段构成:①尝试期(25～30 岁),在这一阶段,一个人确立当前所选择的职业是否适合自己,如果不适合,就会重新做出选择;②稳定期(31～44 岁),在这一阶段,人们往往已经定下了较为坚定的职业目标,并制订较为明确的职业计划来确定自己晋升的潜力、工作调换的必要性以及为实现这些目标需要开展的教育活动等;③职业中期危机阶段(30～40 岁的某个时段),在这一阶段,人们往往根据自己最初的理想和目标对自己的职业进步情况做一次重要的重新评价。人们可能会发现,自己并没有朝着自己所设想的目标靠近,或者已经完成了他们自己所设定的任务后才发现,努力的方向与自己的梦想是背离的。在这一时期,人们还有可能会思考工作和职业在自己的全部生活中的重要程度。通常情况下,在这一阶段的人们第一次不得不面对一个艰难的抉择,即判定自己到底需要什么,什么目标是可以达到的以及为了达到这一目标,需要作出多大的牺牲。

4. 维持阶段

维持阶段一般为45～65岁,是职业的后期阶段。这一阶段的人们长时间从事某一职业的工作,在该领域已具有一席之地,一般达到常言所说的"功成名就",已不再考虑变换职业,力求保住这一位置,维持已取得的成就和社会地位,重点是维持家庭和工作间的和谐关系,传承工作经验,寻求接替人选。

5. 衰退阶段

人达到65岁以上,健康状况和工作能力逐步衰退,即将退出工作,结束职业生涯。因此,这一阶段要学会接受权力和责任的减少,接受一种新角色,适应退休后的生活,以减轻身心衰退的负担,维持生命力。

萨伯以年龄为依据,对职业生涯阶段进行划分。在不同的人生阶段,人的生理特征、心理素质、智力水平、社会负担、主要任务等都不尽相同,这就决定了在不同阶段其职业发展的重点和内容也不同,但职业生涯是个持续的过程,各阶段的时间并没有明确的界限。其经历的时间长短常因个人条件的差异以及外在环境的不同而有所不同,有长有短,有快有慢,有时还有可能出现阶段性反复。

(二)职业锚理论

职业锚是由美国著名的职业指导专家埃德加·施恩教授提出的。他认为职业发展实际上是一个持续不断的探索过程,在这一过程中,每个人都在根据自己的天资、能力、动机、需要、态度和价值观等慢慢地形成较为明晰的与职业有关的自我概念。随着一个人对自己越来越了解,这个人就会越来越明确地建立一个占主要地位的职业锚。

职业锚是指当一个人不得不作出选择的时候,他无论如何都不会放弃职业中的那种至关重要的东西,正如其中"锚"字的含义一样,职业锚实际上就是人们选择和发展自己的职业时所围绕的中心。一个人对自己的天资和能力、动机和需要以及态度和价值观有了清楚的了解之后,就会意识到自己的职业锚到底是什么。具体而言,是个人进入职业生涯早期的工作情境后,由习得的实际工作经验所决定,并在经验中与自身的才干、动机、需要和价值观相符合,逐渐发展出的更加清晰全面的职业自我观,以及达到自我满足和补偿的一种长期稳定的职业定位。

施恩教授通过研究提出了以下五种职业锚。

第一,技术或功能型职业锚,即职业发展围绕着自己所擅长的特别技术或特定功能而进行。具有这种职业锚的人总是倾向于选择那些能够保障自己在既定技术或功能领域中不断发展的职业。

第二,管理型职业锚,具有这种职业锚的人会表现出成为管理人员的强烈动机。他们的职业发展路径是沿着组织的权力阶梯逐步攀升,承担较高责任的管理职位是他们的最终目标。

第三,创造型职业锚,这种人的职业发展都是围绕着创造性努力而进行的。这种创造性努力会使他们创造出新的产品或服务,或是搞出创造发明,或是创办自己的企业。

第四,自立与独立型职业锚,具有这种职业锚的人总是愿意自己决定自己的命运,而不依赖于别人,愿意选择一些自己安排时间、自己决定生活方式和工作方式的职业,如教师、咨询、写作、经营小型企业等。

第五,安全型职业锚,确定这种职业锚的人极为重视长期的职业稳定和工作的保障性,他们愿意在一个熟悉的环境中维持一种稳定的、有保障的职业,倾向于让雇主来决定他们去从事何种职业,如政府公务员。

四、员工职业生涯管理的意义

人的一生中大部分时间是在职业中度过的,职业生涯跨越人生中精力最充沛、知识经验日臻丰富和完善的几十年,职业成为绝大多数人生活的最重要组成部分。职业不仅提供了个人谋生的手段,而且创造了迎接挑战、实现自我价值的大好机会和广阔空间。企业也越来越认识到,人才是其最本质、最重要的资源。一方面,企业想方设法保持员工的稳定性和积极性,不断提高员工的业务技能以创造更好的经济效益;另一方面,企业又希望能维持一定程度的人员、知识、观念的更新换代以适应外界环境的变化,保持企业活力和竞争力。而开展职业生涯管理则是满足员工与企业双方需要的最佳方式。

(一) 职业生涯管理对员工个人的意义

职业生涯管理对员工个人而言其意义与重要性主要体现在以下三个方面。

第一,职业生涯开发与管理可以使员工个人了解到自身的长处与不足。通过职业生涯规划与管理,员工不仅可以养成对环境和工作目标进行分析的习惯,又可以合理计划、安排时间和精力开展学习和培训,以完成工作任务,提高职业技能。这些活动的开展都有利于强化员工的环境把握能力和困难控制能力。

第二,职业生涯管理可以帮助员工协调好职业生活与家庭生活的关系,更好地实现人生目标。良好的职业规划和职业生涯开发与管理的工作可以帮助员工从更高的角度看待职业生活中的各种问题和选择,将各个分离的事件结合在一起,相互联系起来,共同服务于职业目标,使职业生活更加充实和富有成效。同时,职业生涯管理帮助员工综合地考虑职业生活同个人追求、家庭目标等其他生活目标的平衡,避免顾此失彼、左右为难的困境。

第三,职业生涯管理可以使员工实现自我价值的不断提升和超越。员工寻求职业的最初目的可能仅仅是找一份可以养家糊口的差事,进而追求的可能是财富、地位和名望。职业规划和职业生涯管理对职业目标的多层次提炼可以逐步使员工的工作目的超越财富和地位,追求更高层次自我价值实现的成就感和满足感。因此,职业生涯管理可以发掘出促使人们努力工作的最本质的动力,升华成功的意义。

(二) 职业生涯管理对组织的意义

职业生涯管理对组织而言,同样具有深远的意义,主要体现在以下三个方面。

第一,职业生涯管理可以帮助组织了解员工的现状、需求、能力及目标,调和他们与存在于企业现实和未来的职业机会与挑战间的矛盾。职业生涯管理的主要任务就是帮助组织和员工了解职业方面的需求和变化,帮助员工克服困难,提高技能,实现企业和员工的发展目标。

第二,职业生涯管理可以使组织更加合理且有效地利用人力资源,合理的组织结构、组织目标和激励机制都有利于人力资源的开发利用。同薪酬、地位、荣誉的单纯激励相比,切实针对员工深层次职业需要的职业生涯管理具有更好的激励作用,同时能进一步开发人力资源的职业价值,而且职业生涯管理由于针对组织和员工的特点"量身定做",同一般奖惩激励措施相比,具有较强的独特性与排他性。

第三,职业生涯管理可以为员工提供平等的就业机会,对促进企业持续发展有重要意义。职业生涯管理考虑了员工不同的特点与需要,并据此设计不同的职业发展途径和道路,以利于不同类型员工在职业生活中扬长避短。在职业生涯管理中的年龄、学历、性别差异,不是歧视,而是不同的发展方向和途径,这就为员工在组织中提供了更为平等的就业和发展机会。因此,职业生涯管理的深入实施有利于组织人力资源管理水平的稳定与提高。尽管员工可以自由流动,但职业生涯的管理开展使得全体员工的技能水平、创造性、主动性和积极性保持稳定提升,这对于促进组织的持续发展具有至关重要的作用。

五、个人职业生涯的影响因素

任何人的职业生涯都不可能是一帆风顺的,都受到个人和环境两方面多种因素的影响,了解这些因素无论对个人还是企业组织都具有非常重要的意义。

(一)影响职业生涯的个人因素

职业生涯是一个人一生的最佳年华,能否成功地开创和发展自己的职业生涯,首先与个人对自己的认知和剖析程度有很大关系。通过自我剖析,明确自己的职业性向、能力水平、职业偏好,这样才能作出切合实际的职业选择。

1. 职业性向

霍兰德教授提出的职业性向模型,将人的性格与职业类型划分为现实型、调研型、艺术型、社会型、企业型、常规型六种基本类型。通过对自我职业性向的判断,选择与其相对应或相关性较大的职业,将会感觉到舒适和愉悦,获取职业成功的可能性也会增大。

2. 能力

对企业组织的员工来讲,其能力也是指劳动的能力,也就是运用各种资源从事生产、研究、经营活动的能力。它是员工职业发展的基础,与员工个体发展水平成正比,具体包括一个人的体能、心理素质、智能在内的全面综合能力。体能即生理素质,主要就是人的健康程度和强壮程度,表现在对劳动负荷的承受能力和劳动后消除疲劳的能力。心理素质指人的心理成熟程度,表现为对压力、挫折、困难等的承受力。智能包括三方面内容:第一,智力,即员工认识事物、运用知识解决问题的能力,包括观察力、理解力、思维判断力、记忆力、想象力、创造力等。第二,知识,即员工通过学习、实践等活动所获得的理论与经验。第三,技能,即员工在智力、知识的支配和指导下操作、运用、推动各种物质与信息资源的能力。

个人能力对个体职业发展有着重要的影响。第一,能力越强者,对自我价值实现、声望和尊重的要求越高,发展的欲望越强烈,对个体发展的促进也越大;同时,能力强者接受新事物、新知识快,能力与发展呈良性循环,不断上升。第二,在其他条件一定的情况下,能力越强,贡献越大,收入相对越高。高收入一方面为个人发展提供了物质保证,另一方面能激发更多自我发展的潜质。因此,能力既对员工个人发展提出了强烈要求,又为个体自我发展的实现提供可能条件,是个人职业发展的重要基础和影响因素。

3. 职业锚

正如前文所述,职业锚是人们选择和发展自己的职业时所围绕的中心。职业锚作为一个人自身的才干、动机和价值观的模式,在个人的职业生涯中以及组织的事业发展过程中都发挥着重要的作用,职业锚能准确地反映个人职业需要及其所追求的职业工作环境,反映个人的价值观与抱负,了解自己的职业锚类型,有助于增强个人的职业技能,提高工作效率,进而取得职业成功。

4. 职业发展阶段

每个人的职业生涯都要经历许多阶段,只有了解不同阶段的特征、知识水平要求和各种职业偏好,才能更好地促进个人的职业生涯发展。萨伯教授的职业生涯阶段为个人判断自己所处的职业生涯阶段及分析所处阶段的特点和要求提供了很好的参照。

人力资源管理专业学生职业生涯规划

(二)影响职业生涯的环境因素

1. 社会环境因素

(1)经济发展水平。一个地区的经济发展水平不同、企业规模的数量不同,个人职业选择的机会也不一样。一般来说,经济发展水平高的地区,企业尤其是优秀企业比较多,个人择业和发展的机会相对较多,就会有利于个人的职业发展。

(2)社会文化环境。这具体包括教育水平、教育条件、社会文化设施等。一般地讲,在良好的社会文化氛围中,个人能受到良好的教育和熏陶,从而有利于个人职业的发展。

(3)领导者素质和价值观。一个企业的员工职业发展是否能够顺利实施,在很大程度上取决于领导者的重视程度,而其是否重视又取决于领导者的素质和价值观,所有这些都会影响员工的职业发展。

2. 组织环境因素

1)企业文化

前面已经提到过,企业文化决定了一个企业如何看待其员工,因此,员工的职业生涯,是被企业文化所左右的。一个主张员工参与管理的企业,显然比一个独裁的企业能为员工提供更多的发展机会;渴望发展、追求挑战的员工,也很难在论资排辈的企业中得到重用。

2)管理制度

员工的职业发展,归根到底要靠管理制度来保障,包括合理的培训制度、晋升制度、考核制度、奖惩制度等。企业价值观、企业经济哲学,也只有渗透到制度中,才能得到切实的贯彻执行。没有制度或者制度定得不合理、不到位,员工的职业发展就难以实现,甚至可能流于空谈。

3) 领导者素质和价值观

一个企业的文化和管理风格与其领导者的素质和价值观有直接的关系,企业经济哲学往往就是企业家的经营哲学,如果企业领导者不重视员工的职业发展,企业员工的职业生涯会受到很大的影响。

3. 经济环境因素

职业生涯影响因素的关系可概括为知己、知彼、抉择。经济环境对职业生涯的成功也起着重要作用。

职业生涯成功是个人职业生涯追求的最终目标。职业生涯成功的含义因人而异,具有很强的相对性,同样的人在不同的人生阶段也有着不同的含义。每个人都可以对自己的职业生涯成功进行明确界定,包括成功意味着什么,成功时发生的事和一定要拥有的东西、成功的时间、成功的范围、成功与健康、被承认的方式、想拥有的权势和社会的地位等。对有些人来讲,成功可能是一个抽象的、不可量化的概念,例如觉得愉快,在和谐的气氛中工作,有工作完成后的成就感和满足感。在职业生涯中,有的人追求职务晋升,有的人追求工作内容的丰富化,对于年轻员工来说,职业生涯的成功应是在其工作上建立满足感与成就感,而不是一味地追求快速晋升;在工作设计上,设法扩大其工作内容,使其工作更具挑战性。

职业生涯成功能使人产生自我实现感,从而促进个人素质的提高和潜能的发挥,职业生涯成功的标准与方向具有明显的多样性。

目前大家共识的有五种不同的职业生涯成功方向。

(1) 进取型——使其达到集团和系统的最高地位。

(2) 安全型——追求认可、工作安全、尊重和成为"圈内人"。

(3) 自由型——在工作过程中得到最大的控制而不是被控制。

(4) 攀登型——得到刺激、挑战、冒险和"擦边"的机会。

(5) 平衡型——在工作、家庭关系和自我发展之间取得有意义的平衡,以使工作不至于变得太耗费精力或太乏味。职业生涯成功和标准也具有多样性。

六、个人职业计划

对于员工职业发展的管理,企业组织应当承担重要责任。但对职业成功负有主要责任的还是员工自己。在这当中就个人而言,最重要的是制订适合自己的职业计划。

(一) 制订个人职业计划的原则

1. 实事求是

实事求是是要求员工应准确地认识自己,并能客观地自我评价,这是制订个人职业计划的前提。

2. 切实可行

个人的职业目标一定要同自己的知识、能力、个人特质及工作适应性相符合。同时,个人职业目标和职业道路的确定,要考虑客观环境和条件。

3. 个人职业计划要与组织目标协调一致

离开组织目标,就不可能有个人的职业发展,甚至难以在组织中立足。员工应积极主动与组织沟通,获得组织的帮助和支持,以此来制订适合自己个人的职业计划。

4. 在动态变化中制订和修正个人职业计划

随着时间的推移,员工本人的知识、经验、技能、态度等情况及外部环境条件都会发生变化,这就要求员工及时调整自己的个人职业计划,修正和调整计划中一些发生变化的内容,如职业发展的具体活动、短期职业目标等。

(二) 职业计划设计

职业计划设计是员工对自己一生职业发展的总体计划和总体轮廓的勾画,它为个人一生的职业发展指明了路径和方向。在设计职业计划时一般应考虑以下因素。

1. 个人自我评价

个人自我评价是对自己的各方面进行分析评价。员工只有充分认识自己之后,才能设定可实现的目标,自我评价要对包括人生观、价值观、受教育水平、职业锚、兴趣、特长、性格、技能、智商、情商、思维方式和方法等进行分析评价,全面认识自己、了解自己,这样才能选定自己的职业发展路线,增加事业成功的机会。

著名心理学家约翰和哈利把个体对自己的了解比喻为一个橱窗。为了便于理解,可以把橱窗放在一个直角坐标系中加以分析。坐标的横轴正向表示别人知道,负向表示别人不知道;纵轴正向表示自己知道,负向表示自己不知道。橱窗分析法坐标分析如图5-2所示。

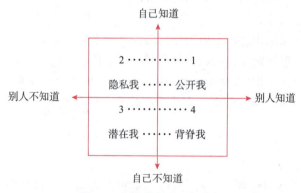

图 5-2 橱窗分析法坐标分析

坐标橱窗图明显地把自我分成了四部分,即四个橱窗。

橱窗 1 为"公开我",是自己知道、别人也知道的部分,属于个人展现在外、无所隐藏的部分。

橱窗 2 为"隐私我",是自己知道、别人不知道的部分,属于个人内在的隐私和秘密的部分。

橱窗 3 为"潜在我",是自己不知道、别人也不知道的部分,是有待进一步开发的部分。

橱窗 4 为"背脊我",是自己不知道、别人知道的部分就像自己的背部一样,自己看不

微课:认识橱窗分析法

到,别人却看得清楚。

在进行自我剖析和评论时,重点是了解橱窗3"潜在我"和橱窗4"背脊我"。"潜在我"是影响一个人未来发展的重要因素,了解和认识"潜在我"有助于发掘个人的潜能。"背脊我"是准确对自己进行评价的重要方面,如果能够诚恳地对待他人的意见和看法,就不难了解"背脊我"。当然,这需要开阔的胸怀和正确的态度,否则就很难听到别人的真实评价。

2. 职业发展机会评估

职业发展机会评估主要是评估各种环境因素对自己职业发展的影响。如前所述,环境因素包括经济发展、社会文化和政治制度等社会环境和企业环境等因素。在设计个人职业机会时,应分析环境发展的变化情况、环境条件的特点,对人与环境的关系(包括自己在此环境中的地位环境对自己提出的要求以及环境对自己有利的条件与不利的条件)等,只有充分了解和认识这些环境,才能做到在复杂多变的环境中趋利避害,设计出切实可行的、有实际意义的职业计划。

3. 选择职业

职业选择得正确与否,直接关系人生事业的成败,这是职业发展计划中最关键的一步。在选择职业时,要慎重考虑自己的职业性向、能力、职业锚、人生阶段等重要因素与职业的匹配。

4. 设定职业生涯目标

设定职业生涯目标是指预先设定职业的发展目标,这是设计职业计划的核心步骤。职业生涯目标的设定是在继职业选择后对人生目标做出的又一次抉择,它是依据个人最佳才能、最优性格、最大兴趣和最有利环境的信息所作出的。职业生涯目标通常分为短期目标、中期目标、长期目标和人生目标。短期目标一般为1～2年,中期目标为3～5年,长期目标为5～10年。

在确定目标的过程中要注意如下几个方面的问题:①目标要符合社会与组织的需要,有需要才有市场,才有位置;②目标要适合自身特点,并使其建立在自身的优势之上;③目标要高远但不能好高骛远,一个人追求的目标越高,其才能就发展得越快;④目标幅度不宜过宽,最好选择窄一点的领域,并把全部身心投入进去,这样容易取得成功;⑤要注意长期目标与短期目标的结合,长期目标指明了发展的方向,短期目标是长期目标的保证,长短结合更有利于目标的实现;⑥目标要明确具体,同一时期的目标不要太多,目标越简明、越具体,就越容易实现,越能促进个人的发展;⑦要注意职业目标与家庭目标以及个人生活与健康目标的协调与结合,是事业成功的基础和保障。

5. 职业生涯路线的选择

在确定职业和发展目标后,就面临着职业生涯路线的选择。例如,是向行政管理路线发展,还是走专业技术路线,还是先走技术路线再转向行政路线等。由于发展路线不同,对职业发展的要求也不一样,因此,在设计职业生涯时,必须做出抉择,以便为自己的学习、工作以及各种行动措施指明方向,使职业沿着预定的路径和预先设计的职业计划发展。

在进行生涯路线选择时,可以从以下三个问题出发思考:①个人希望向哪一条路发展,主要考虑自己的价值观、理想、成就、动机,确定自己的目标取向;②个人适合向哪一条路发展,主要考虑自己的性格、特长、经历、学历等主观条件,确定自己的能力取向;③个人能够向哪一条路发展,主要考虑自身所处的社会环境、政治与经济环境、组织环境等确定自己的机会取向。职业生涯路线选择的重点是对生涯选择要素进行系统分析,在对上述三方面的要素综合分析的基础上确定自己的职业生涯路线。

6. 制订行动计划与措施

无论多么美好的理想与想法,最终都必须落实到行动上才有意义,否则就只能是空谈。在确定了职业计划表与职业生涯路线后,行动便成为关键的环节,这就是贯彻落实目标的具体措施,包括工作、训练、教育、轮岗等方面的措施。

7. 评估与调整

如前所述,影响职业计划设计的因素很多,其中环境变化是最为重要的因素。在现实社会生活中,要使职业计划设计行之有效,就必须不断地对职业计划进行评估与调整,比如职业的重新选择,职业生涯路线的选择,人生目标的修正以及实施措施与计划的变更等都是调整的主要内容。

七、个人职业发展趋向

人格(包括价值观、动机和需要等)是决定一个人选择何种职业的一个重要因素,其具体的表述可归纳为决定个人选择何种职业的六种基本趋向。

(一) 现实趋向

具有这种趋向的人会被吸引从事包含着体力活动并且需要一定技巧、力量和协调的职业,如采矿工人、运动员等。

(二) 调研趋向

具有这种倾向的人会被吸引从事包含着较多认知活动的职业,而不是以感知活动为主的职业,如研究学者和大学教授等。

(三) 社会趋向

具有这种趋向的人会被吸引从事包含着大量人际交往活动的职业,而不是有大量智力活动或体力活动的职业,如心理医生和商务人员等。

(四) 常规趋向

具有这种趋向的人会被吸引从事包含着大量结构化和规则性的职业,如会计人员和银行职员等。

(五) 企业趋向

具有这种趋向的人会被吸引从事包含着大量影响他人为目的的人际活动的职业,如管理人员、律师等。

（六）艺术趋向

具有这种趋向的人会被吸引从事包含着大量自我表现、艺术创造、感情表达和个性化的职业，如艺术家、广告创意人员等。

职场上每个人不是只包括一种职业趋向，更多的是几种职业趋向的混合。当这种趋向越相似，则一个人在选择职业时面临的内在冲突和犹豫就越少。简单地说，只要不断成熟的个性和兴趣支持了原先的职业趋向，自然职业锚也就成为可能。

员工的职业
生涯规划

任务演练

撰写职业生涯规划如表 5-4 所示。

表 5-4　撰写职业生涯规划

任务编号：5-2	建议学时：4 课时
实训地点：校内专业实训室	小组成员姓名：

一、任务描述
1. 演练任务：做好自身的职业生涯规划；
2. 演练目的：认识职业生涯规划的重要性，并按照职业生涯规划理论做好自身职业生涯规划；
3. 演练内容：每人以上面任意一种职业生涯规划理论为依据，规划自身的职业生涯，并撰写职业生涯规划（不少于 500 字）

二、相关资源
1. 以"员工职业生涯管理"为关键词查询相关网络资料；
2. 进入中国人力资源开发网，查找员工职业生涯规划案例

三、任务实施
1. 完成分组，4～6 人为一小组，选出组长；
2. 围绕企业员工职业生涯规划这一主题，查询资料，进行整理和分析，提交任务单（职业生涯规划案例分析）；
3. 个人撰写职业生涯规划书并制作 PPT，所有人逐一进行汇报

四、任务成果
（此处填写点评稿）

续表

（一）案例简介

（二）案例分析

（三）过程点评

（四）总结

五、任务执行评价

任务评分标准

序号	考核指标	所占分值	备注	得分
1	完成情况	10	在规定时间内完成并按时上交	
2	内容	50	内容完整、图文并茂、PPT精美	
3	点评质量	40	准确分析自身特点、优势、劣势及外部环境,有自己的观点	
			总　　分	

指导教师：　　　　　　　　　　　　　　　　　　　　　　　日期：　年　月　日

扫码下载任务单

活页笔记

学习过程

重、难点记录

学习体会与收获

模块六

绩效管理

导　读

绩效是一定组织中、一定时期内个体或群体的工作行为和表现,以及直接的劳动成果和最终效益的统一体,是一个组织为了达到目标而采取的各种行为的结果,绩效具有多因性、多维性和动态性等特性。

绩效管理是根据管理者与员工之间达成的一致协议来实施管理的一个动态的沟通过程,以激励员工业绩持续改进并最终实现组织战略以及个人目标,是为了实现一系列中长期的组织目标而对员工绩效进行的管理。绩效考评是绩效管理的最主要内容,绩效考评是指按照确定的标准来衡量工作业绩、工作成果、工作效率和工作效益的达成程度。根据企业实际情况,建立以绩效考评为中心的管理体系,意味着企业采用科学规范的绩效考评程序,选择适合自身情况的考评制度、考评方法。

知识目标

- 掌握绩效管理的含义。
- 掌握绩效管理体系的设计方法。
- 掌握绩效考评的反馈面谈。

能力目标

- 能够掌握绩效管理体系的设计方法。
- 能够撰写绩效考评的反馈面谈报告。
- 能够制作PPT并进行演讲汇报。

素质目标

- 培养学生判断分析能力和敏锐的观察力。
- 培养学生系统思考和独立思考的能力。
- 培养学生良好的表达能力。
- 培养学生良好的团队协作能力。

任务一 绩效管理体系的设计

案例引入

W 公司的绩效考评

知识链接

一、绩效管理概述

绩效管理是人力资源管理过程中最重要的环节之一,也是组织强有力的管理手段之一。员工工作的好坏、绩效的高低直接影响企业的整体绩效。因此,只有通过绩效管理,确认员工的工作成就,才能整体提高工作的效率和效益,进而实现组织目标。组织建立员工绩效管理制度,设计出行之有效的绩效管理体系,是合理利用和开发人力资源的重要措施。现代绩效管理指标体系的设计和管理方法多种多样,组织只有根据自身的实际情况采用最合适的指标和方法才能实现最有效的绩效管理。

(一) 绩效的含义

绩效具有丰富的含义。一般来说,是指一个组织为了达到目标而采取的各种行为的结果,是客观存在,可以为人所辨别确认。

绩效又分为组织绩效和员工绩效。组织绩效是组织为了实现一定的目标所完成的各种任务的数量、质量及效率。员工绩效就是员工的工作效果、业绩、贡献。其主要包括完成工作的数量、质量、成本费用以及为改善组织形象所作出的其他贡献。绩效是员工知识、能力、态度等综合素质的反映,是组织对员工的最终期望。

绩效是对工作行为以及工作结果的一种反映,也是员工内在素质和潜能的一种体现。它主要包括三个方面。

1. 工作效果

工作中取得的数量和质量,主要指工作活动所实现的预定目标的程度。工作效果涉及的是工作的结果。

2. 工作效率

工作效率是指组织效率、管理效率、作业效率等方面，主要指时间、财物、信息、人力及其相互利用的效率。工作效率涉及的是工作的行为方式，是投入大于产出还是投入小于产出。

3. 工作效益

工作效益是指工作中所取得的经济效益、社会效益、时间效益等。工作效益主要涉及的是对组织的贡献。

（二）绩效管理的含义

绩效管理是根据管理者与员工之间达成的一致协议来实施管理的一个动态的沟通过程，以激励员工业绩持续改进并最终实现组织战略以及个人目标，是为了实现一系列中长期的组织目标而对员工绩效进行的管理。随着人们对人力资源管理理论和实践研究的逐步重视，绩效管理在组织中达到了前所未有的高度。对大多数组织而言，绩效管理的首要目标是绩效考评。但是，在这些组织中，实施绩效考评的效果却并不理想，员工的工作积极性并未被充分激发，企业的绩效也没有得到明显的改善。其原因在于，人们往往知道绩效考评而并不知道绩效管理，但两者并不等同，人们在强调绩效考评的同时，往往会忽视绩效管理的全过程。

绩效管理，就是为了更有效地实现组织目标，由专门的绩效管理人员运用人力资源管理的知识、技术和方法与员工一起进行绩效计划、绩效沟通、绩效考评、绩效反馈与改进、绩效结果应用等五个基本过程。

（三）绩效管理的基本特征

1. 绩效管理的目的是更有效地实现组织预定的目标

绩效管理本身并不是目的，之所以要开展绩效管理是要更大限度地提高组织的管理效率及组织资源的利用效率，进而不断提高组织绩效，最终更有效地达到组织预定的目标，更有效地实现组织的预定目标是绩效管理的终极目的。

2. 绩效管理的主体是掌握人力资源知识、专门技术和手段的绩效管理人员

员工绩效管理由掌握专门知识技能的绩效管理者推动，然后落实到员工身上，最终由每一位员工的具体实践操作实现。可以看出，绩效管理的主体不仅是绩效管理人员，还包括每一位参与绩效管理的员工。

3. 管理的核心是提高组织绩效

绩效管理围绕如何提高组织绩效这个核心展开，从中所涉及的任何具体措施都是为持续改进组织绩效服务的。绩效管理"对事不对人"，以工作表现为中心，考察个人与组织目标达成相关的部分。

4. 一个包括多阶段、多项目标的综合过程

绩效管理是一套完整的"PDCA"的循环体系，所谓"PDCA"循环，即计划（plan）、实施（do）、检查（check）、调整（adjust）的循环。落实到绩效管理上就是绩效计划制订、动态持续的绩效沟通、绩效实施、绩效评估、绩效结果运用等环节构成的循环。

绩效管理是以目标为导向,将企业要达到的战略目标层次分解,通过对员工的工作表现和业绩进行诊断分析,改善员工在组织中的行为,通过充分调动员工的潜能和积极性,提高工作绩效,更好地实现企业各项目标。绩效管理更突出的是过程管理,它以改善行为为基础,通过有计划地双向沟通的培训辅导,提高员工绩效,最终实现提高部门绩效和企业整体绩效的目的。绩效管理对企业来说,是一项管理制度;对管理者个人来说,则是管理技能和管理理念。在进行绩效管理的企业中,绩效管理是贯穿各级管理者管理工作始终的一项基本活动。

(四)绩效管理的目的和作用

绩效管理是组织实现其战略目标的有效工具之一,也是人力资源管理其他职能的基本依据和基础。

绩效管理的目的和作用

二、绩效管理体系的设计内容

绩效管理是一个包括多阶段、多项目标的综合过程,通常被看作一个循环过程,管理的各个环节不仅密切联系,而且周而复始地不断循环,形成一个持续的过程。绩效管理的基本流程一般包括绩效计划、绩效辅导、绩效考评、绩效反馈与面谈、绩效改进以及绩效结果的应用等六步。

微课:绩效管理体系设计

(一)绩效计划

绩效计划是绩效管理的第一个环节,也是绩效管理的起点。作为一个组织,要想达到预期的战略目标,组织必须先将战略分解为具体的任务或目标,落实到各个岗位;然后对各个岗位进行相应的职位分析、工作分析、人员任职资格分析。这些步骤完成后,各个部门的管理人员应当和员工一起,根据本岗位的工作目标和工作职责,讨论并确定绩效计划周期内员工应当完成什么工作、做到怎样的程度、为何要做这项工作、何时完成、资源如何进行分配等。这个阶段管理者和员工的共同参与是绩效计划制订的基础。通过协作的方式完成绩效计划的制订,可以使绩效计划得到员工的支持并得以有效实施。绩效计划是整个绩效管理体系中最重要的环节。

绩效计划是指被评估者和评估者双方对员工应该实现的工作绩效进行沟通的过程,并将沟通的结果落实为订立正式书面协议即绩效计划和评估表,它是双方在明晰责、权、利的基础上签订的一个内部协议。绩效计划的设计从公司最高层开始,将绩效目标层层分解到各级子公司及部门,最终落实到个人。对于各子公司而言,这个步骤即为经营业绩计划过程,而对于员工而言,则为绩效计划过程。通常应从以下几方面理解绩效计划。

(1)绩效计划与绩效指标是组织进行绩效管理的基础和依据。绩效计划是在绩效管理过程开始的时候由部门主管和员工共同制订的绩效契约,是对在本部门绩效管理过程结束时员工所要达到的期望结果的共识,这些期望的结果用绩效指标的方式来体现。

(2)绩效计划是一个组织根据自身实际情况,结合各个部门的具体工作,将年度重点工作计划层层分解,把总体目标分解到各个部门,确立各个部门的年度目标的过程。

(3) 绩效计划通常是通过上下级相互沟通、交流而形成的，因此在沟通前，相关部门要事先向分管主任提供必要的信息和背景资料。在编制绩效计划时，每月要在固定的时间召开部门月度例会，在会议上各部门可以与本部门主管沟通，主管提出反馈意见，初步确定计划。沟通的方式原则上不做规定，由各部门自己确定。各类计划经分管主任审定和确认后，由综合科负责汇总下发月度工作计划，并上报办公室人事部。

(4) 在确定工作目标、关键绩效指标和标准时应遵循 SMART 原则。

明确具体的原则：目标必须是明确、具体的。所谓具体就是责任人的工作职责或部门的职能相对应的工作；所谓准确就是事先对目标的工作量、达成日期、责任人等都是确定的，可以明确。

可衡量的原则：绩效目标应是数量化或行为化的，验证指标的数据或信息是可获得的。

可获得的原则：绩效指标在付出努力的情况下是可以实现的，避免设立过高或过低的目标。

现实可行的原则：现实的物力、人力及个人学习和身体能力、资源的可利用条件下是可行的。

有时间限制的原则：必须在计划中列入事先约定的时间限制，注重完成绩效指标的特定期限。

(二) 绩效辅导

绩效辅导是指管理人员对员工完成工作目标的过程进行辅导，帮助员工不断改进工作方法和技能，及时纠正员工行为与工作目标之间可能出现的偏离，激励员工的正面行为，并对目标和计划进行跟踪和修改的过程。

绩效辅导是连接绩效目标和绩效评估的中间环节，也是绩效管理循环中耗时最长、最关键的一个环节，是体现管理者管理水平和领导艺术的主要环节。通过绩效辅导这个环节可以实现强调员工与主管人员的共同参与、强调员工与主管之间形成绩效伙伴关系、共同完成绩效目标的过程。总而言之，绩效辅导工作的好坏直接决定着绩效管理工作的成败。要想有效地完成绩效辅导，主要包括两方面工作：一是持续不断的绩效沟通；二是数据的收集和记录。其具体步骤包括以下几步。

(1) 观察和了解员工的绩效和行为，让员工知道自己的绩效好坏，并给予一定的反馈；或要求员工改进，或给予激励，希望保持高绩效。

(2) 寻找问题与原因。如果员工绩效没有改进，就要探究其中的原因，同时要求改变具体的行为，并视需要给予帮助。

(3) 教导分析。如果绩效仍然没有得到改进，那么管理者就必须运用教导分析的方法找出其中的原因，并且和员工一起克服影响绩效的障碍。

(4) 改善业绩。和员工一起找出改善业绩的方法，并帮助员工找到问题，改进绩效流程，然后确认这些流程和方法，并固定下来，着眼于更长远的未来员工绩效。

(三) 绩效考评

绩效考评是按事先确定的工作目标及其衡量标准，考察员工实际的绩效情况的过程。

绩效考评是一项技术性很强的工作，包括拟订、审核考评指标、选择和设计考评方法、培训考评人员等内容。

（四）绩效反馈与面谈

绩效反馈与面谈是指主管人员在绩效评估之后使员工了解自身绩效水平的各种绩效管理手段和过程。

（五）绩效改进

绩效改进是绩效管理过程中的一个重要环节。传统的绩效考评目的是通过对员工的业绩进行考评，将考评结果作为确定员工薪酬、奖惩、晋升或降级的标准。而绩效管理的目标不限于此，员工能力的不断提升以及绩效的持续改进和发展才是其根本目的。所以，绩效改进工作的成功与否，是绩效管理过程是否发挥作用的关键。

（六）绩效结果的应用

绩效考评完成后，形成的考评结果要与相应的管理环节相互衔接，主要体现在以下几个方面。

1. 人力资源规划

考评结果为组织提供总体人力资源质量优劣程度的确切情况，获得所有人员晋升和发展潜力的数据，便于组织编制人力资源规划。

2. 招聘与录用

根据绩效考评的结果，可以确定采用何种评价指标和标准招聘与选择员工，可提高招聘的质量并降低招聘成本。

3. 薪酬管理

绩效管理的结果可以作为业绩工资发放的依据。绩效评价越高，业绩工资越高，这是对员工追求高绩效的一种鼓励和肯定。

4. 职务调整

多次绩效考评的结果可以作为员工晋升和降级的依据之一。经过多次绩效考评，对于业绩始终没有改善的，如果确实是能力不足，不能胜任工作，则应当考虑为其调整工作岗位；如果是员工本身态度的问题，经过多次提醒和警告都无济于事的，则管理者应当考虑将其解雇。

5. 员工培训与开发

通过绩效考评可以了解员工绩效低的原因，对由于知识和技能方面不足未能达成绩效计划的员工，企业可以组织员工参加培训或接受再教育。这样能够增强培训效果，降低培训成本。同时可以根据绩效考评的结果，确定员工在培养和发展方面的特定需求，帮助员工发展和执行他们的职业生涯规划。

6. 员工关系管理

公平的绩效考评，为员工在奖惩、晋升、调整等重大人力资源管理环节提供公平客观的数据，减少主观不确定因素对管理的影响，能够保持组织内部员工的相互关系建立在可靠的基础之上。

三、绩效考评的概述

对于企业来说，完全客观和精确的绩效考评几乎是不可能的。因为人们处理信息的能力是有限的，不可能毫无错误地处理员工绩效过程中所需的信息。另外，企业和任何其他组织一样，不可避免地包含许多政治因素，并受其影响。主管人员很可能不愿意提供员工负面的绩效信息，相反更愿意设法激励他们以后努力工作争取改善绩效。但是，无论如何，员工绩效考评系统是否有效，直接影响员工的工作情绪，以致影响工作成效。因此建立一个有效的绩效考评体系非常重要。

（一）绩效考评的含义

绩效考评是绩效管理的最主要内容。绩效考评是指按照确定的标准来衡量工作业绩、工作成果、工作效率和工作效益的达成程度。

（二）绩效考评的内容

绩效考评内容的科学性和合理性，直接影响绩效考评的质量。绩效考评的内容应该符合企业自身的实际情况，能够准确地对员工的绩效进行考评，考评的内容通常包括以下几方面。

1. 工作业绩考评

工作业绩考评是指对员工工作效率和工作结果进行考核和评价，是对员工贡献程度的衡量，是所有工作绩效考评中最基本的内容，直接体现出员工在企业中的价值大小。工作业绩的考评包括员工完成工作的数量、质量、成本费用、利润等，以及为企业做出的其他贡献，如为企业赢得荣誉等。

2. 工作能力考评

工作能力考评是对员工在工作中体现出来的能力进行考评，主要体现在四个方面：专业知识和相关知识；相关技能、技术和技巧（包括操作、表达、组织、协调、指挥、控制等）；相关工作经验；所需的体能和体力（取决于年龄、性别和健康状况等因素）。这四个方面是相互联系而又有区别的，技能和知识是基础；体能和体力是必要条件，一个人若没有足够的精力和体力，就难以承担重任；技能和工作经验把知识转化为现实生产力。需要指出的是，绩效考评中的能力考评和一般性能力测试不同，前者与被考核者所从事的工作相关，主要考评其能力是否符合所担任的工作和职务，而后者是从人的本身属性对员工的能力进行评价，不一定要和员工的现任工作相联系。

3. 工作行为考评

工作行为考评是指对员工在工作中表现出来的相关行为进行考核和评价，衡量其行为是否符合企业的规范和要求。由于对行为进行考评很难用具体的数字或金额来表达，因此，在实际工作中，对员工的行为进行考评主要包括出勤、纪律性、事故率、主动性、客户满意度、投诉率等方面。

4. 工作态度考评

工作态度考评数值对员工在工作中的努力程度进行考评，即对工作积极性的衡量。积极性决定着人的能力发挥程度，只有将积极性和能力的考评结合起来，才能发挥员工的潜力。常用的考评指标包括团队精神、忠诚度、责任感、创新精神、敬业精神、进取精神、事业心和自信心等。工作态度很大程度上决定了工作能力向工作业绩转化的效果。因此对员工工作态度的考评是非常重要的。

以上四方面中，工作业绩和工作能力的考评结果是可以量化的，是客观的，被称为考评的"硬指标"；工作行为和工作态度的考评结果是主观的，很难量化，称为考评的"软指标"。在进行工作绩效考评时，应注意客观性评价和主观性评价的结合，软指标和硬指标结合，这样才能全面地评价员工的工作绩效。

（三）绩效考评的目的

一是帮助员工认识自己的潜在能力并在工作实际中充分发挥这种能力，以达到改进员工工作的目的和促进员工的培训与发展。二是为人力资源管理等部门提供确定有关人力资源政策和决策的依据。三是有利于改进企业人力资源管理工作，企业从定期的工作绩效考评中检查诸如招聘、培训和激励等人力资源管理方面的问题，从中吸取经验教训，以便今后改进，对下一步行动做出正确的导向。因此，考评的过程既是企业人力资源发展的评估和发掘过程，也是了解个人发展意愿，制订企业培训计划和为人力资源开发做准备的过程。

四、绩效考评者的组成

考评人的选择就是选择谁来进行考核，也就是解决考评关系中考评主体与考评客体如何划分的问题。在企业实践中，通常是通过以下几类人员作为考评工作的主体来建立考评机制。

1. 直接主管

绩效考评大都是由直接主管进行或者参与进行的。企业通常在制度上规定直接主管对下级拥有考评的责任和权力。直接主管对下属的工作最熟悉（有的主管甚至以前就从事下属目前的工作），可以准确把握考评的重点及关键。主管考评权与他们拥有的奖励和惩罚下属的权力是相应的。

2. 员工本人

员工本人对自己进行评价具有重要意义。自我评价有利于员工对企业考评的认同，减少他们的逆反心理，增强员工参与意识；有利于员工明确自己的长处和短处，加强自我开发；能够在考评中不断总结经验，从而改进工作方法。不过，调查显示，员工自我评价一般比他人评价高，很少有人会自我贬低，容易形成极端分布。因此，这种方法不可单独进行。

3. 同事

同事进行的评价，在某些方面有特殊作用，如工作方式和工作态度。同事之间的工作相关性强，相互之间在一起共事，沟通较多，比较了解关于工作和行为的有效信息。但在同事考评时,有时可能因为个人关系而产生感情偏差,或者出现通过"轮流坐庄"获得奖励或避免惩罚的不负责任的行为。

4. 下级

由下属对员工进行评价也有重要意义。尤其对于其领导能力、沟通能力等方面的评价,往往具有很强的针对性。但也要看到,员工由于顾虑上级的态度及反应,可能不会反映真实情况。为了解决这一问题,应当由专门的部门进行组织,避免因评价结果而使员工受到打击报复。

5. 业务归属部门

企业中专业技术性较强的工作内容,往往由专门的职能部门进行归属管理,如财务部、质量部等。这些部门从特定角度进行绩效考评,在考评工作中具有非常重要的地位。

6. 外请专家

由外请专业人员进行考评有特殊的意义。因为外请人员具有较强的专业技能,同被考评者之间没有利害关系,因而往往比较客观公正,考评结果也容易为员工所认同。但这样做成本较高,而且对于专业性很强的内容,专家也不一定十分了解。

五、绩效考评的原则

在进行绩效考评的时候,一定要做到科学、公正、客观,这样的考评才有意义。为此,应该遵守以下八项原则。

(一)制度化原则

企业的绩效考评要作为企业的一项制度固定下来,同时考核的标准、程序、责任等都要有明确的制度规定,并在操作中严格地按照制度的规定进行。这样,绩效考评才会有其权威性。

(二)公开化原则

考评的内容标准要公开,使员工认识到所有的考评对大家都是一样的,这样才能使员工对绩效考评工作产生信任感,各部门和各员工之间就不会造成人为矛盾。同时每个员工都可以明确了解工作的要求,这样就可以按照考评的标准来要求自己,提高工作绩效。

(三)客观性原则

要做到考评标准客观、组织评价客观、自我评价客观,不能带有考评人的个人观点,尽量避免掺入主观性和感情色彩。必须用公认的标准,进行客观的评价。唯有客观性,才会保证其公正性。

(四)分层次原则

绩效考核最忌讳的就是用统一的标准来评价不同的人和不同的工作要求。不同层次的员工,考评的标准和考核的内容是不同的。比如,对一般员工的考评,主要考评其完成工作的数量、质量、效益以及工作态度等;而对于主管人员来说,则不仅要考评其完成工作任务的数量、质量以及效益,还要考评其企业及各部门目标的实现程度,再就是作为主管人员在计划、决策、指挥、激励、授权、培养人才等方面的成绩。

(五) 同一性原则

在考评相同类别的员工时要用同一标准、同一尺度去衡量,同样的工作内容、工作职位不能用不同标准去考核。如企业中不同部门的秘书工作,工作内容大致是相同的,可以用同一种考评标准来进行考核。在考核不同类别的员工时,要注意用不同的标准和尺度去衡量。如生产部门可以用产品的产量、合格率、物耗等指标来衡量,而销售部门则用销售额、销售费用、回款率等指标来进行衡量。

(六) 单头考核原则

一些企业在考评时出现在员工与考评者、管理者之间的摩擦,最主要的原因就是在考评时多重考评、多头领导。在企业中最了解员工工作情况的是员工的直接主管。如果在考评时,间接的管理者对员工的工作情况妄加指责,就容易造成不公平现象,就会出现摩擦。当然,并不排除间接的上级对考评的结果进行调整修正。

(七) 反馈原则

对员工进行考评以后要把考评结果直接告诉员工,使员工能明白自己工作的成绩和不足,同时要向其提供对于今后工作的参考意见。还应及时地将考核的结果反馈给公司培训部门,培训部门根据考评结果,有针对性地加强员工培训工作。

(八) 差别性原则

考评方法要能评出工作的好坏差别。正常情况下,员工在工作中的成绩是有差别的,考评方法要正确体现出员工工作中的这种差别,使考核带有刺激性,鼓舞员工上进。

六、绩效考评体系

在员工绩效考评体系的设计过程中,既需根据绩效考评的目的确定问题,也需选择适合企业自身情况的考评方法。

绩效考评体系

七、绩效考评方法的选择

员工绩效考评方法可以划分为员工特征导向的评价方法、员工行为导向的评价方法和员工工作结果导向的评价方法。

(一) 员工特征导向的评价方法

员工特征导向的评价方法是以员工特征为基础的业绩评价方法,衡量的是员工个人特性,如决策能力、对工作的忠诚度、人际沟通技巧和工作的主动性等。这种评价方法主要是回答员工"人"做得怎样,而不重视员工的"事"做得如何。这类评价方法最主要的优点是简便易行,但是却有严重的缺陷。首先,以员工特征为基础的评价方法的有效性差,评价过程中所衡量的员工特征与其工作行为和工作结果之间缺乏确定的联系;其次,以员工特征为基础的评价方法也缺乏稳定性,特别是不同的评价者对同一个员工的评价结果可能相差很大;最后,以员工特征为基础的业绩评价结果为员工提供有益的反馈信息。

(二) 员工行为导向的评价方法

在工作完成的方式对组织的目标实现非常重要的情况下,以员工行为为基础的业绩考评方法就显得特别有效。例如,一名售货员在顾客进入商店时应该向顾客问好,帮助顾客寻找他们需要的商品,及时地开票和收款,在顾客离开时礼貌地道谢和告别。这种评价方法能够为员工提供有助于改进工作绩效的反馈信息,但是这种评价方法的缺点是无法涵盖员工达成理想工作绩效的全部行为。例如,一名保险推销员可能用积极的、煽动性很强的方法在一个月内实现了100万元的保费收入,而另一名保险推销员可能用非常谨慎的、以事实讲话的方式也在一个月内实现了100万元的保费收入。在这种情况下,如果员工的业绩考评体系认为前一种方法是有效的,那么对第二个员工就很不公平。

(三) 员工工作结果导向的评价方法

员工工作结果导向的评价方法是以员工的工作结果为基础的评价方法,先为员工设定一个最低的工作业绩标准,然后将员工的工作结果与这一明确的标准相比较。当员工工作任务的具体完成方法不重要,而且存在着多种完成任务的方法时,这种结果导向的评价方法就非常适用。绩效标准越明确,业绩评价就越准确。绩效标准应包括两种信息:一是员工应该做什么,包括工作任务量、工作职责和工作的关键因素等;二是员工应该做到什么程度,即工作标准。每一项标准都应该清楚明确,使管理者和员工都了解工作的要求,了解是否已经满足了这些要求。而且,工作要求应该有书面的工作标准。其实任何工作都有数量和质量两个方面的要求,只不过是二者的比例不同。由于数量化的工作结果标准便于应用,因此应该尽可能把最低工作要求数量化。

结果导向的评价方法的缺点包括以下几个方面:第一,在很多情况下,员工最终的工作结果不仅取决于员工个人的努力和能力因素,也取决于经济环境、原材料质量等多种其他因素。因此,这些工作的业绩考评很难使用员工工作的结果来评价,即使勉强使用也缺乏有效性。第二,结果导向的业绩评价方法有可能强化员工不择手段的倾向。例如,提供电话购物服务的公司如果用员工的销售额来评价员工的业绩,那么员工就可能中途挂断顾客要求退货的电话,结果损害顾客的满意度,减少重复购买率,这显然不利于组织的长期绩效提升。第三,在实行团队工作的组织中,把员工个人的工作结果作为业绩考评的依据会加剧员工个人之间的不良竞争,妨碍彼此之间的协作和相互帮助,不利于整个组织的工作绩效。第四,结果导向的业绩评价方法在为员工提供业绩反馈方面的作用不大,尽管这种方法可以告诉员工其工作成绩低于可以接受的最低标准,但是它却无法提供如何改进工作绩效的明确信息。

在为具体的工作设计业绩考评方法时,需要谨慎地在这些类别中进行选择。除非员工的行为特征与工作绩效之间存在着确定的联系,否则就不应该选择这种简便的方法。一般而言,行为导向的评价方法和结果导向的评价方法的有效性比较高,这两类方法的某种结合可以承担对绝大多数工作的评价。

三类评价方法的具体实例见右边二维码内容。

(四)工作绩效评价的周期

工作绩效评价周期是指员工接受工作业绩考评的时间间隔。员工业绩考评的周期受以下几个因素的影响。

评价体系实例

根据奖金发放的周期长短来决定员工绩效考评的周期。例如,半年或者一年分配一次奖金,因此对员工的业绩考评也要间隔半年或一年,在奖金发放之前进行一次。

根据工作任务的完成周期来决定业绩考评的周期。

根据员工的性质来决定业绩考评的周期,对于基层的员工,他们的工作绩效可以在比较短的时间内得到一个好或者不好的评价结果,因此评价周期就可以相对短一些;而对于管理人员和专业技术人员,只有在比较长的时间内才能看到他们的工作成绩。因此,对于他们的业绩考评的周期就应该相对长一些。

如果每个管理人员负责考评的员工数量比较多,那么在每次绩效考评的时期这些管理人员工作负担就比较重,甚至可能因此影响业绩考评的质量。因此,也可以采取离散的形式进行员工绩效考评,即当每位员工在本部门工作满一个评价周期(如半年或一年)时对这位员工实施业绩考评。这样可以把员工业绩考评工作的负担分散到平时的工作中,如中国惠普公司就采取这种做法。

在很多情况下,企业在员工进入组织满一年时会对他们的工作绩效进行一次评价。但是一年一次或两次绩效评价可能太少,因为评价者很难记住员工在长时间中的表现,容易发生错觉归类。这种心理现象是指人们往往忘记他们观察过的事物的细节,而是根据脑海中已经存在的心理类别,重新建立他们认为是真实的细节。工作绩效评价要求经常化,每当一个项目取得重大成果时就应该进行绩效评价。这可以及时为人事决策提供准确的信息,也可以使员工及时了解自己的工作情况。当然,过于频繁的绩效考评也有问题,因为这要花费许多时间,产生许多麻烦。因此,人力资源管理对绩效考评频率的一个重要的观点是在一个重要的项目或者任务结束之后,或在关键性的结果应该出现的时候进行绩效考评。

(五)绩效考评类别

不同的绩效考评目的,绩效考评类别有所不同。常见的绩效考评类别见右边二维码内容。

常见的绩效考评类别

八、关键业绩指标体系的建立和选择

(一)关键业绩指标

关键业绩指标是基于企业经营管理绩效的系统考评体系,是用于考核和管理被考核者的可量化的或可行为化的标准体系。关键绩效指标体系体现对组织战略目标有增值作用的绩效指标。通过在关键绩效指标上达成的承诺，员工与管理人员就可以进行工作期望、工作表现和未来发展等方面的沟通。

1. 建立关键指标体系的原则

（1）体现企业的发展战略与成功的关键要点。

（2）强调市场标准与最终成果责任，对于使用关键指标体系的人而言应该有意义，并且可以对其进行测量与控制。

（3）在责任明确的基础上，强调各部门的连带责任，促进各部门的协调，不迁就部门的可控性和权限。

（4）主线明确，重点突出，简洁实用。

2. 关键绩效指标体系的构成

一般而言，公司关键绩效指标由以下几个层级构成。

（1）公司级关键绩效指标：是由公司战略目标演化而来的。

（2）部门级关键绩效指标：是根据公司级关键绩效指标和部门职责来确定的。

（3）由部门关键绩效指标落实到具体岗位（或子部门）的业绩衡量指标。

3. 建立战略导向的企业KPI体系的意义

KPI是衡量企业战略实施效果的关键指标，其目的是建立一种机制，将企业战略转化为内部过程或活动，以不断增强企业的核心竞争力并持续取得高效益。它使考评体系不仅成为激励约束手段，更成为战略实施工具。

企业在经营过程中，随着市场环境和企业内部状况的变化，经营者、管理者在不同时期会设定不同的战略目标，管理者在不同时期的关注重点也会有所区别，这种变化必须通过绩效指标的变化和调整来引导员工将注意力集中于企业当前的经营重点。将企业在不同时期关注的KPI体系称为战略导向KPI体系，而将企业不同时期所有KPI体系的集合称为KPI库。企业必须建立动态开放的KPI库，通过不断地完善和积累，形成企业的资源库，根据战略的调整从指标库直接选取合适的KPI进行考核和评价。

建立战略导向的企业KPI体系的意义，在于使KPI体系不仅成为企业员工行为的约束机制，同时发挥战略导向的牵引作用。通过员工的个人目标与企业战略相契合，使KPI体系有效地阐释与传播企业战略，成为企业战略实施的工具。这是对传统绩效考核理念（以控制为核心）的创新。战略导向的KPI体系在评价、监督员工行为的同时，强调战略在绩效考评过程中的核心作用。战略导向的KPI体系与一般绩效考核体系的区别见下方二维码内容。

（二）建立KPI体系

1. 建立KPI体系的前提

要建立企业的KPI体系，首先必须明确所建立的KPI体系的导向是什么，也就是必须先回答下列问题。

（1）企业的战略是什么？

（2）成功的关键因素是什么？

战略导向的KPI体系与一般绩效考核体系的区别

(3) 什么是关键绩效？

(4) 怎样处理好绩效考评的基本矛盾？

(5) 如何协调扩张与控制，收益增长与潜力增长，突出重点与均衡发展，定量考核与定性评价之间的关系？

(6) 是考评结果重要还是考评过程重要？

(7) 应建立一种什么样的运营机制？

回答了上述问题以后，就要开始KPI的分解，建立KPI体系一般有两条主线：按组织结构分解为目标—手段方法及按主要流程分解为目标—责任方法。

2. 建立KPI体系的方式

基于建立KPI体系的两条主线，通常采用三种方式建立企业KPI体系。

建立KPI体系的方式

任务演练

绩效管理体系设计如表6-1所示。

表6-1 绩效管理体系设计

任务编号：6-1	建议学时：4课时
实训地点：校内专业实训室	小组成员姓名：

一、任务描述
1. 演练任务：绩效管理体系设计；
2. 演练目的：认识绩效管理体系的设计在绩效管理中的重要性；
3. 演练内容：每人收集某企业组织的绩效管理案例，分析案例的实际含义，撰写该企业绩效管理体系设计报告（不少于500字）

二、相关资源
1. 以"绩效管理体系设计"为关键词查询相关网络资料；
2. 进入中国人力资源开发网，浏览案例

三、任务实施
1. 完成分组，4～6人为一小组，选出组长；
2. 围绕绩效管理体系设计这一主题，查询资料，进行整理和分析，提交任务单；
3. 小组撰写分析报告或PPT，选出代表进行汇报

四、任务成果
（此处填写分析报告）
（一）案例简介

续表

（二）案例分析

（三）总结

五、任务执行评价

任务评分标准

序号	考核指标	所占分值	备注	得分
1	完成情况	10	在规定时间内完成并按时上交	
2	分析内容	40	内容丰满、分析明晰、问题合理	
3	分析报告质量	50	分析全面，结论正确	
		总　分		

指导教师：

日期：　年　月　日

扫码下载任务单

活页笔记

学习过程

重、难点记录

学习体会与收获

任务二　绩效考评反馈面谈

案例引入

某公司的绩效反馈面谈

知识链接

绩效考评工作进行完毕之后，并不意味着绩效管理工作就结束了。作为一个部门的主管要及时地把绩效考评的结果向员工反馈，让每一个员工明确自身的优点并继续保持，同时也让每一个员工明确自身的缺点并加以更正，这就需要主管人员帮助员工完成这一任务，其具体工作就是通过绩效反馈和面谈来实现。

一、绩效考评反馈面谈含义、目的

（一）绩效反馈的含义

所谓绩效反馈，就是使员工了解自身绩效水平的各种绩效管理手段。绩效反馈是绩效沟通最主要的形式。同时，绩效反馈最重要的实现手段就是管理者与员工之间的有效沟通。

（二）考评面谈、反馈与改进的理论基础——反馈干涉理论

绩效考评面谈的主要目的，一方面是要让员工了解自己的考核结果背后的原因，以此来增加共识、减少误解和猜疑；更重要的是要改善员工的绩效以及为员工的发展提出建议。绩效考评面谈的有效性是基于反馈干涉理论的。反馈干涉理论认为，在满足以下五个基本假定的条件下，绩效考评面谈能够有效地提高员工的绩效。

（1）员工的行为调整取决于反馈结果与一个目标或标准的比较。

（2）目标或标准是分层次的。

（3）员工的注意力是有限的，所以只有那些反馈与标准的差距才会引起他们的注意，并调整其行为。

（4）注意力通常被导向层级的趋中层次。

(5) 反馈干涉改变了注意力的所在,从而影响行为。

上述理论中谈到的"层次"概念,对于理解员工工作中的行为及其对考核结果的反映,很有帮助。这里所说的层次,是一个认知心理学的概念,它反映了人们对于工作中个人努力目标及绩效改进措施中的努力方向。对于这样的层次的具体内容,有很多学者有不同的看法。本节采用一种比较简单的三个层次的观点来分析对绩效考核面谈的启示。

第一个层次是总体任务过程的层次或称自我层次。

在这个层次上,员工关心的问题是:"我做的工作,怎样能够为组织发展做出贡献""我在组织中处于什么位置""我对自己的要求是否合适"等。

第二个层次是任务动机层次或任务层次。

这个层次使员工关心他所执行的工作任务本身。员工考虑的将是:"这项任务到底该怎么做?""我在这项任务中的表现如何""能不能有更好的办法来做这件事"。

第三个层次也是最低的层次,是任务学习层次。

这个层次关注工作执行过程中的细节和员工的具体行动。比如,一个关注任务学习层次的秘书被上级告知她在接电话方面的态度需要改进时,她会追问:"我哪句话说得不合适""我该怎么说话""我说话就是这个语气怎么办"等。

一般情况下,对于高层次的员工,绩效考核面谈应鼓励他们将工作做得更好,帮他们分析自己的定位和未来发展,而具体提高绩效的手段可以留给他们自己来解决。而对于低层次的员工,上级人员只有手把手地教给他们如何大做,才是提高绩效的办法。这时,上级与下属一起学习公司的规定、规范,仔细分析产生绩效考核结果的工作因素,是有帮助的。当然,设法帮助他们提高自己关注的层次,也是绩效反馈面谈的一个重要目标。

研究人员总结了人们在绩效考核面谈中该如何关注员工的不同层次问题上提出了一些建议,如仅集中在任务和工作绩效上,不要集中在人或个人自我概念的任何部分;不要威吓或惊吓听众;包含如何改进的信息;在反馈的同时,提出一个正式的目标设定计划;尽可能多地提供与绩效改进相关的信息,减少与他人绩效相关的信息。

(三) 绩效反馈面谈的目的

主管对员工的绩效情况进行评估后,必须与员工进行面谈沟通,这个环节是非常重要的。绩效管理的核心目的是不断提升员工和组织的绩效水平,提高员工的技能水平。这一目的能否实现,最后阶段的绩效反馈和面谈起了很大的作用。通过绩效反馈面谈可以达到以下几个方面的目的。

1. 对绩效评估的结果达成共识

绩效考评往往包含许多主观判断的成分,即使是客观的评估指标,也存在对于采集客观数据的手段是否认同的问题。对于同样的行为表现,评估者与被评估者由于立场和角色的不同,往往会给出不同的评估。对评估结果达成共识有助于双方更好地对被评估者的绩效表现作出判断。

2. 让员工认识到本绩效期内自己取得的进步和存在的缺点

每个人都有被认可的需要,当员工作出成就时,需要得到主管的承认或肯定,这对员工起到积极的激励作用。同时,员工的绩效中可能存在一些不足之处,或者想要维持并进一步改善现有的绩效。通常来说,员工不仅关注自己的成绩和绩效结果,更希望有人指出自己需要改进的地方。通过评估反馈,主管和员工共同分析绩效不足的原因,找出双方有待改进的方面,从而促进员工更好地改进绩效。

3. 制订绩效改进计划

在管理者和员工就评估结果达成一致意见之后,双方应就面谈中提出的各种绩效问题制订一个详细的书面绩效改进计划。在绩效改进计划中,双方可以共同确定出需要解决的问题、解决的途径和步骤以及员工需要管理者提供的帮助等。

4. 协商下一绩效管理周期的绩效目标和绩效标准

绩效管理是一个往复不断的循环过程,一个绩效周期的结束恰好是下一个周期的开始。上一个绩效管理周期的绩效反馈面谈可以与下一个绩效周期的绩效计划面谈合并在一起进行。

二、绩效反馈面谈的原则

微课:绩效反馈与面谈的原则

当主管和员工关于反馈面谈的资料均准备完毕以后,主管和员工按照原计划在预定的时间和地点,遵循科学的原则,就可以有效地实施反馈和面谈。一般来讲,在绩效考核反馈与面谈时应遵循的原则如下。

1. 建立并维护彼此之间的信任

首先,面谈的地点非常重要,必须在一个使彼此都能感到轻松的场合。噪声一定要极小,没有第三者可以看到面谈的两人。要使员工感到自在,主管的语言或动作要使双方能顺利沟通,使员工坦诚地表达意见。此时,来一杯咖啡或红茶有助于营造良好的气氛。

在面谈时一定要以一些称赞和鼓励的话打开局面,这种称赞和鼓励可以营造一种轻松、热情、愉快及友好的氛围,使面谈在一种双方都愉快的气氛中开始。

2. 清楚说明面谈的目的和作用

清楚地让员工明白此次面谈要做什么,可用较积极的字眼,譬如:"今天我们面谈的目的是希望大家能一起讨论一下你的工作成效,并希望彼此能有一致的看法,肯定你的优点,也找出哪些地方有待改进,紧接着我们要谈谈你的未来及将来如何合作达到目标。"明确面谈目的,可以消除被评估者心中的疑虑。

3. 鼓励员工多说话

在面谈的过程中,应当注意停下来倾听员工的发言,因为你了解的情况不一定就是真实的,鼓励下属主动参与,有利于对一些问题快速达成共识,同时,也便于了解下属的思想动态。

4. 注意全身心地倾听

倾听时要以员工为中心,把所有的注意力都放在员工身上,因为倾听不单是对员工的尊重,也是营造氛围、建立信赖、把握问题的关键。

5. 避免对立和冲突

在面谈中,员工往往有一种自卫的本能阻挡他接收不愿听的信息,甚至容易为此与主管发生冲突,如果主管利用自己的领导权威强行解决冲突,很可能会付出相当大的代价。它可能破坏了员工与管理者之间的信赖,导致以后的沟通难以做到开诚布公。

6. 集中于未来而非过去

绩效管理的核心在于未来绩效的提升,而不是像反光镜那样聚焦过去。双方只有关注未来,才能使员工真心实意地拥护并切实参与到绩效管理当中来,绩效管理才是真正具有激励意义的管理。

7. 集中在绩效,而不是性格特征

在绩效反馈面谈中双方应该讨论和评估的是工作绩效,也就是工作中的一些事实表现,而不是讨论员工个人的性格。员工的性格特点不能作为评估绩效的依据;但是,在谈到员工的主要优点和不足时,可以谈论员工的某些性格特征,但要注意这些性格特征必须是与工作绩效有关的。例如,一个员工性格特征中有不太喜欢与人沟通的特点,这个特点使他的工作绩效因此受到影响,由于不能很好与人沟通,影响了必要的工作信息的获得,也不能得到他人很好的配合,从而影响了绩效。这样关键性的影响绩效的性格特征还是应该指出来的。

8. 找出双方待改进的地方,制订具体的改进措施

沟通的目的主要在于未来如何改进和提高,改进包括下一阶段绩效目标的确定,以及与员工订立发展目标。

9. 该结束时立刻结束

如果你认为面谈该结束时,不管进行到什么程度都不要迟疑。下面情况有任何一种出现均要停止面谈:彼此信赖瓦解了;部属或主管急于前往某个地方;下班时间到了;面有倦容等。此时如果预先预订的目标没能在结束之前达到,也要等下一次再进行。

10. 以积极的方式结束面谈

要使部下离开时满怀积极的意念,不要使员工只看到消极的一面怀着不满的情绪离去。

三、绩效反馈面谈的准备

在准备工作绩效考核交谈时,需要做以下三件事情。

首先,要对绩效考核的资料进行整理和分析。对即将接受面谈的员工的工作描述进行研究,将员工的实际工作绩效与绩效标准加以对比,并对员工原来的工作绩效评价档案进行审查。

其次,给员工较充分的准备时间。应至少提前一周通知员工,使其有时间对自己的工作进行审查、反思;阅读他们自己的工作描述;分析自己工作中所存在的问题;收集需要提出的问题和意见。

最后,面谈时间和地点的选择。应当找一个对双方来说都比较方便的时间来进行面谈,以便为整个面谈过程留有一段较为充足的时间。通常情况下,与办公室工人和维护工人这样低层次的员工所进行的面谈不应该超过一小时,而与管理人员所进行的面谈则常

常要花费 2~3 小时。不仅如此,面谈地点应当具有相对的安静性,以免面谈被电话或来访者打扰,如表 6-2 所示。

表 6-2　谈话地点的选择

地　　点	特　　点	适 应 范 围
办公室、会议室、洽谈室	严肃、重要	犯有错误的人,性格内向,喜欢交际的人,常用
家中	亲切、平等	目的是密切双方关系,或者劝导难度较大时,少用
路上、室外	随意轻松	性格内向、胆小怕事、敏感多虑的人
公园、林荫路	平等、非正式	情绪低落、消沉的人

四、绩效考评面谈的执行

在进行工作绩效面谈时,应当牢记以下几个要点。

1. 谈话要直接而具体

交谈要根据客观的、能够反映员工工作情况的资料来进行。这些资料包括以下几个方面的内容:缺勤、迟到、质量记录、检查报告、订货处理、生产率记录、使用或消耗的原料、任务或计划的按时完成情况、成本控制和减少程度、差错率、实际成本与预算成本的对比、顾客投诉、产品退回、订货处理时间、库存水平及其精确度、事故报告等。

2. 不要直接指责员工

例如,不要对员工说:"你递交报告的速度太慢了。"相反,你应当试图将员工的实际工作绩效与绩效标准进行对比(如"这些报告通常应当在 10 天内递交上来")。同样,也不要将员工个人的工作绩效与他人的工作绩效进行对比("他比你递交报告的速度要快多了")。

3. 鼓励员工多说话

应当注意停下来听员工正在说什么;多提一些开放型的问题,比如,"你认为应当采取何种行动才能改善当前的这种状况呢";还可以使用一些带有命令性质的话,如"请继续说下去"或"请再告诉我一些更多的事情"等;最后,还可以将员工所表述的最后一点作为一个问题提出来,比如,"你认为自己无法完成这项工作,是吗?"。

4. 不要绕弯子

尽管不能直接针对员工个人,但必须确保员工明白自己到底做对了什么,又做错了什么。因此,以下做法可能是非常有意义的:给他们举出一些特定的例子;在他们了解如何对工作加以改善以及何时加以改善之前,确信他们对问题已经明白,并且你们之间确实已经达成了共识。

任务演练

绩效考评反馈面谈如表 6-3 所示。

表 6-3　绩效考评反馈面谈

任务编号:6-2	建议学时:4 课时
实训地点:校内专业实训室	小组成员姓名:

一、任务描述
1. 演练任务:绩效考评反馈面谈分析或模拟训练;
2. 演练目的:认识绩效考评反馈面谈在绩效管理中的重要性;
3. 演练内容:每人收集某企业组织的绩效考评反馈面谈案例,分析案例的实际含义,进行模拟训练,作出企业绩效考评反馈面谈分析报告(不少于 500 字)

二、相关资源
1. 以"绩效考评反馈面谈"为关键词查询相关网络资料;
2. 进入中国人力资源开发网,浏览案例

三、任务实施
1. 完成分组,4~6 人为一小组,选出组长;
2. 围绕绩效考评反馈面谈这一主题,查询资料,进行整理和分析,小组分角色模拟训练,提交任务单;
3. 小组分析报告或 PPT,选出代表进行汇报

四、任务成果
(此处填写分析报告)
(一)案例简介

(二)案例分析

续表

（三）总结

五、任务执行评价

任务评分标准

序号	考核指标	所占分值	备注	得分
1	完成情况	10	在规定时间内完成并按时上交	
2	分析内容	40	内容丰满、分析明晰、问题合理	
3	分析报告质量	50	分析全面，结论正确	
	总 分			

指导教师：

日期：　年　月　日

扫码下载任务单

活页笔记

学习过程

重、难点记录

学习体会与收获

模块七

薪酬管理

导读

薪酬是指员工从企业得到的各种直接的和间接的经济收入,在企业中,员工的薪酬一般由基本薪酬、激励薪酬、间接薪酬三个部分组成。薪酬管理是指企业在经营战略和发展规划的指导下,综合考虑内部外部各种因素的影响,确定自身的薪酬水平、薪酬结构和薪酬形式,并进行薪酬调整和薪酬控制的整个过程。

薪酬水平指企业内部各类职位以及企业整体平均薪酬的高低状况,反映了企业支付的薪酬的外部竞争性。薪酬结构指企业内部各个职位之间薪酬的相互关系,反映了企业支付的薪酬的内部一致性。薪酬形式则是指在员工和企业总体的薪酬中,不同类型的薪酬的组合方式。薪酬调整是指企业根据内外部各种因素的变化,对薪酬水平、薪酬结构和薪酬形式进行相应的变动。薪酬控制指企业对支付的薪酬总额进行测算和监控,以维持正常的薪酬成本开支,避免给企业带来过重的财务负担。

知识目标

- 掌握薪酬管理的含义。
- 掌握薪酬体系的设计方法。
- 掌握福利管理的流程。

能力目标

- 能够掌握薪酬管理的含义。
- 能够拟定薪酬体系设计报告。
- 能够撰写福利管理的流程设计报告。
- 能够制作PPT并进行演讲汇报。

素质目标

- 培养学生判断分析能力和敏锐的观察力。
- 培养学生系统思考和独立思考能力。
- 培养学生良好的表达能力。
- 培养学生良好的团队协作能力。

任务一 薪酬等级设计

案例引入

薪水虽涨,技术人才依旧难觅

知识链接

一、薪酬管理概述

(一) 薪酬的含义

从字面来理解,"薪"是指薪水,又称薪金、薪资,所有可以用现金、物质来衡量的个人回报都可以称为薪,也就是说,薪是可以数据化的,企业发给员工的工资、保险、实物福利、奖金、提成等都是薪;"酬"是指报酬、报答、酬谢,是着眼于精神层面的酬劳。无论在理论界还是在实务界,对于薪酬的含义目前还存在着一些模糊的甚至错误的认识,这无疑会妨碍薪酬管理的有效实施,因此首先需要澄清一下薪酬的具体含义。

最容易与薪酬发生混淆的一个概念就是报酬。报酬是指员工从企业那里得到的作为个人贡献回报的他认为有价值的各种东西,一般可以分为内在报酬和外在报酬两大类。

1. 内在报酬

内在报酬通常是指员工由工作本身所获得的心理满足和心理收益,如决策的参与、工作的自主权、个人的发展、活动的多元化、挑战性的工作等。

2. 外在报酬

外在报酬通常是指员工所得到的各种货币收入和实物,它包括两种类型,一种是货币报酬;另一种是非货币报酬,如宽敞的办公室、私人秘书、动听的头衔、特定停车位等。货币报酬又可以分为以下两类。

(1) 直接报酬,如工资、绩效奖金、股票期权、利润分享等。

(2) 间接报酬,如保险、带薪休假、住房补贴等各种福利。

报酬体系的构成如图 7-1 所示。

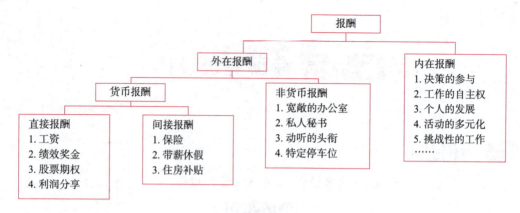

图 7-1　报酬体系的构成

（二）薪酬的内容

薪酬是指员工从企业那里得到的各种直接的和间接的经济收入，简单地说，它就相当于报酬体系中的货币报酬部分。在企业中，员工的薪酬一般是由三个部分组成的，一是基本薪酬；二是激励薪酬；三是间接薪酬。

（1）基本薪酬是指企业根据员工所承担的工作或者所具备的技能而支付的比较稳定的经济收入。

（2）激励薪酬是指企业根据员工、团队或者企业自身的绩效而支付的具有变动性质的经济收入。

（3）间接薪酬就是给员工提供的各种福利。与基本薪酬和激励薪酬不同，间接薪酬的支付与员工个人的工作和绩效并没有直接的关系，往往都具有普遍性，通俗地讲就是"人人都有份"。

（三）薪酬结构和功能

薪酬结构有广义和狭义之分，分为五种类型。

薪酬结构和功能

（四）薪酬管理的含义

薪酬管理是指企业在经营战略和发展规划的指导下，综合考虑内部外部各种因素的影响，确定自身的薪酬水平、薪酬结构和薪酬形式，并进行薪酬调整和薪酬控制的整个过程。

薪酬水平是指企业内部各类职位以及企业整体平均薪酬的高低状况，反映了企业支付的薪酬的外部竞争性。薪酬结构是指企业内部各个职位之间薪酬的相互关系，反映了企业支付的薪酬的内部一致性。薪酬形式则是指在员工和企业总体的薪酬中，不同类型的薪酬的组合方式。薪酬调整是指企业根据内外部各种因素的变化，对薪酬水平、薪酬结构和薪酬形式进行相应的变动。薪酬控制是指企业对支付的薪酬总额进行测算和监控，以维持正常的薪酬成本开支，避免给企业带来过重的财务负担。

全面理解薪酬管理的含义,需要注意以下几个问题。

(1) 薪酬管理要在企业发展战略和经营规划的指导下进行,作为人力资源管理的一项重要职能,薪酬管理必须服从和服务于企业的经营战略,要为战略的实现提供有力的支持,绝对不能狭隘地进行薪酬管理。

(2) 薪酬管理的目的不仅是让员工获得一定的经济收入,使他们能够维持并不断提高自身的生活水平,而且要引导员工的工作行为、激发员工的工作热情,不断提高他们的工作绩效,这是薪酬管理更重要的目的。

(3) 薪酬管理的内容不单是及时准确地给员工发放薪酬,这是薪酬管理最低层次的活动,由上述的含义可以看出,薪酬管理涉及一系列的决策,是一项非常复杂的活动。

二、薪酬管理的意义

薪酬管理是建立有效的约束激励机制,实现企业与员工之间的双向促进。

薪酬管理的意义

三、薪酬管理的原则

在实际工作中,企业的薪酬管理作为一种利益关系调整方式,是在一定政策与制度依据下进行的,因此体现五大原则:合法性原则、公平性原则、及时性原则、经济性原则、动态性原则,这五大原则的详细解释见右侧二维码。

薪酬管理的原则

四、影响薪酬管理的主要因素

在市场经济条件下,企业的薪酬管理活动会受到内外部多种因素的影响,为了保证薪酬管理的有效实施,必须对这些影响因素有所认识和了解。一般来说,影响企业薪酬管理各项决策的因素主要有三类:一是企业外部因素;二是企业内部因素;三是员工个人因素,如图 7-2 所示。

(一) 企业外部因素

1. 法律法规

法律法规对于企业的行为具有强制的约束性。一般来说,它规定了企业薪酬管理的最低标准,因此企业实施薪酬管理时应当首先考虑这一因素,要在法律规定的范围内进行活动。例如,最低工资立法规定了企业支付薪酬的下限,社会保险法律规定了企业必须为员工缴纳一定数额的社会保险费。

2. 物价水平

薪酬最基本的功能是保障员工的生活,因此对员工来说更有意义的是实际薪酬水平,即货币收入(或称名义薪酬)与物价水平的比率。当整个社会的物价水平上涨时,为了保证员工的生活水平不变,支付给他们的名义薪酬相应地也要增加。

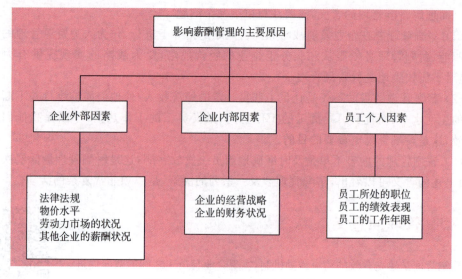

图 7-2 影响薪酬管理的主要因素

3. 劳动力市场的状况

按照经济学的解释,薪酬就是劳动力的价格,取决于供给和需求的对比关系。在企业需求一定的情况下,如果劳动力市场紧张,造成劳动力资源供给减少,劳动力资源供不应求,劳动力价格就会上涨,此时企业要想获取必要的劳动力资源,就必须相应地提高薪酬水平;反之,如果劳动力市场趋于平稳,造成劳动力资源供给过剩,劳动力资源供过于求,劳动力价格就会趋于平缓或下降,此时企业相对容易地能够获取必要的劳动力资源,因此可以维持甚至降低薪酬水平。

4. 其他企业的薪酬状况

其他企业的薪酬状况对企业薪酬管理的影响是最直接的,这是员工进行横向的公平性指标比较时一个非常重要的参照系。当其他企业,尤其是竞争对手的薪酬水平提高时,为了保证外部的公平性,企业也要相应地提高自己的薪酬水平,否则就会造成员工的不满意甚至流失。

(二)企业内部因素

1. 企业的经营战略

在阐述薪酬管理的含义时,我们已经指出,薪酬管理应当服从和服务于企业的经营战略,不同的经营战略下,企业的薪酬管理也会不同。表 7-1 所示为三种主要的经营战略下薪酬管理的区别。

表 7-1 不同经营战略下的薪酬管理

经营战略	经营重点	薪酬管理
成本领先战略	(1)一流的操作水平 (2)追求成本的有效性	(1)重点放在与竞争对手的成本比较上 (2)提高薪酬体系中激励部分的比重 (3)强调生产率 (4)强调制度的控制性及具体化的工作说明

续表

经营战略	经营重点	薪酬管理
创新战略	(1) 产品领袖 (2) 向创新性产品转移 (3) 缩短产品生命周期	(1) 奖励在产品以及生产方法方面的创新 (2) 以市场为基准的工资 (3) 弹性/宽泛性的工作描述
客户中心战略	(1) 紧紧贴近客户 (2) 为客户提供解决问题的方法 (3) 加快营销速度	(1) 以顾客满意为奖励的基础 (2) 由顾客进行工作或技能评价

2. 企业的财务状况

前面已经反复提到，薪酬是企业的一项重要成本开支，因此企业的财务状况会对薪酬管理产生重要的影响，是薪酬管理各项决策得以实现的物质基础。良好的财务状况，可以保证薪酬水平的竞争力和薪酬支付的及时性。

（三）员工个人因素

1. 员工所处的职位

职位对员工薪酬的影响并不完全来自它的级别，而主要是职位所承担的工作职责以及对员工的任职资格要求。由此还衍生出另一个影响因素，就是员工所具备的技能。

2. 员工的绩效表现

员工的绩效表现是决定其激励薪酬的重要基础，在企业中，激励薪酬往往都与员工的绩效联系在一起，具有正相关的关系。员工的绩效越好，其激励薪酬就会越高。此外，员工的绩效表现还会影响他们的绩效加薪，进而影响基本薪酬的变化。

3. 员工的工作年限

工作年限主要有工龄和企龄两种表现形式，工龄指员工参加工作以来整个的工作时间，企龄则指员工在本企业中的工作时间。工作年限会对员工的薪酬水平产生一定的影响，在技能工资体系下，这种影响更加明显。一般来说，工龄和企龄越长的员工，薪酬的水平相对也越高。

五、薪酬管理与人力资源管理其他职能的关系

为了加深对薪酬管理的理解，有必要将它置于整个人力资源管理系统中，从更加宽广的视角来分析它与人力资源管理其他职能的关系。

（一）薪酬管理与职位分析的关系

应当说，职位分析是基本薪酬实现内部公平性的一个重要基础，在主流的职位工资体系下，职位分析所形成的职位说明书是进行职位评价、确定薪酬等级的依据，职位评价的信息大都来自职位说明书的内容。即使在新的技能工资体系中，职位分析仍然具有重要的意义，因为评价员工所具备的技能，仍然要以他们从事的工作为基础来进行。

（二）薪酬管理与人力资源规划的关系

薪酬管理与人力资源规划的关系主要体现在人力资源供需的平衡方面，薪酬政策的

变动是改变内部人力资源供给的重要手段,如提高加班工资的额度,可以促使员工增加加班时间,从而增加人力资源的供给量,当然这需要对正常工作时间加以严格控制。

(三) 薪酬管理与招聘录用的关系

薪酬管理对于招聘录用工作有着重要的影响,薪酬是员工选择工作时考虑的重要因素之一,较高的薪酬水平有利于大量吸引应聘者,从而提高招聘的效果。此外,招聘录用也会对薪酬管理产生影响,录用人员的数量和结构是决定企业薪酬总额增加的主要因素。

(四) 薪酬管理与绩效管理的关系

薪酬管理和绩效管理之间是一种互动的关系,一方面,绩效管理是薪酬管理的基础之一,激励薪酬的实施需要对员工的绩效做出准确的评价;另一方面,针对员工的绩效表现及时地给予他们不同的奖励薪酬,也有助于增强激励的效果,确保绩效管理的约束性。

(五) 薪酬管理与员工关系管理的关系

在企业的劳动关系中,薪酬是最主要的问题之一,劳动争议也往往是由薪酬问题引起的,因此有效的薪酬管理能够减少劳动纠纷,建立和谐的劳动关系。此外,薪酬管理也有助于塑造良好的企业文化,这个问题在前面已经作过阐述。

六、薪酬管理的理论

企业的薪酬管理问题是一个复杂的社会问题,自从出现"劳动力转让"以来,人们就一直在从不同角度对它进行研究。最早的薪资理论是由古典经济学派创立的,之后经济学家、管理学家、心理学家、社会学家等都围绕薪资问题进行了深入的探索。

(一) 早期薪资理论

工资是市场经济的产物。早期的工资理论虽然不全面,但其基本思想对今天仍有很大影响,是当代工资理论的重要基础。其主要观点和代表人物如下所述。

1. 最低工资理论

最低工资理论由经济学家威廉·配第提出。他认为薪资和其他商品一样,有一个自然价值水平,这一价值就是工人生活的基本消费需求。最低工资不仅是工人维持生存的基本保证,也是雇主生产经营的必要条件;如果低于这一水平,劳动力的再生产就无法进行,社会的稳定和发展就无法维持。正因如此,政府要立法规定最低工资水平,协调员工与雇主之间的利益冲突。

2. 工资基金理论

工资基金理论由经济学家约翰·斯图亚特·穆勒创立。他认为,一个社会一定时期用于支付工资的资本总额是一定的,这就是该社会的工资基金。工资基金取决于工资成本与其他生产成本的比例。在工资基金确定的情况下,一些工人的工资变动必然会导致另一些工人工资的反向变动。同时,如果工资基金非正常增加,会使企业的其他生产资本减少,最终影响生产的发展。工资基金理论认为,通过工会斗争和政府干预来提高工资,这种努力是无济于事的。

3. 工资差别理论

工资差别理论由经济学家亚当·斯密创立。亚当·斯密认为,工资差别可分为两种:一种由不同的职业性质造成,另一种由不同的工资政策造成。现实生活中,由于劳动者的自然差异,以及对劳动者管理方式的不同,出现企业内部和企业外部的工资差别是不可避免的,这是一种客观存在。亚当·斯密承认这一客观事实,他所指出的职业性质差别与工资差别之间的联系,为企业中的职务工资制提供了基础。

(二) 近代工资理论

随着社会经济的不断发展和劳动力市场的不断完善,尤其是人们对微观经济学的深入研究,形成了比较系统的近代工资理论。但由于人们所持的立场和分析的角度不同,近代工资理论也形成了不同的观点。

1. 边际生产率工资理论

边际生产率工资理论是近代工资研究的基础理论,主要解释工资的短期波动和长期变动的趋势,代表人物是英国经济学家马歇尔。他认为,在一个完全自由的市场中,企业为获得最大利润,必然要实现生产要素的最佳配置。就劳动力要素来说,表现为雇佣工人的边际产出等于付给工人的工资。因此,工资水平取决于员工提供的边际生产率。如果边际生产率大于工资,雇主就会增加雇佣人数;如果边际生产率小于工资,雇主就会裁减员工;只有当两者相等时,工资的支付才是最有效、最经济的。但由于现实中的市场竞争不完全,劳动力不能自由流动,而且劳动力转移需要成本,因此,在短期内,某一个企业的工资可能高于、低于或等于劳动力的边际生产率水平。

边际生产率工资理论是一种有影响力的工资理论,它揭示了工资水平与企业劳动生产率之间的关系。

2. 集体交涉工资理论

集体交涉工资理论又称集体谈判工资理论,主要代表人物有英国经济学家莫里斯·多布等。工资水平反映企业与员工之间的利益关系,由两者之间的力量对比决定,集体谈判则是协调双方利益、决定工资水平的主要方式。如果没有集体谈判,劳动力市场竞争是紊乱和无序的,雇员无法在公平的条件下与雇主签订合同。

第二次世界大战以后,工会组织在一些工业化国家得到了广泛发展,集体谈判理论也日渐成熟,这一理论强调劳资双方各自的组织程度,重视组织水平对于双方力量的影响,力图以此改变工资状况。显然,集体谈判理论不是从经济角度研究工资问题,而是一种从政治角度对工资问题进行解释。

3. 现代工资理论

随着企业管理研究的深入,人们发现:工资是劳动力价格的表现形式;工资要结合企业的投入产出效率来理解;工资具有重要的激励功能,能够调动劳动者的工作积极性,提高工作效率和工作质量,从而促进员工与企业的共同发展。相应地,现代工资理论对工资的内涵和外延进行了扩展,用其来表示员工在企业中获得的各种劳动报酬形式,并结合企业经营效益的提升方式对其进行分析和处理,工资理论由此成为经营管理学的一个重要组成部分。

在现代工资理论看来,工资也可以称为薪酬。薪酬首先是劳动力价值的实现形式,企业通过薪酬这一特定形式获得劳动力使用权,并把劳动力投入生产过程中创造生产经营效益。但是,薪酬不仅仅是劳动力的价值,还是劳动成果的回报,员工需要通过薪资报酬衡量自己的劳动成果。在此过程中,企业可以通过薪资报酬的合理设计,调动员工的积极性,提高企业的经济效益。

现代工资理论包括三部分内容。

1) 工资激励理论

激励是现代企业管理中一个十分重要的概念。激励理论认为,员工的绩效水平是与激励相关联的,具体表现为

$$员工绩效 = 员工能力 \times 激励程度$$

这一公式指出:在员工能力一定的情况下,所受到的激励水平越高,其绩效表现水平也越高。激励与人的需求相关。在企业中,员工最基本的需求是经济需求,要通过工资实现。因此,这种工资理论认为,企业工资管理的关键是努力发挥其激励功能。

2) 公平分配理论

薪酬管理的一个重要问题是公平性问题。管理学家赫茨伯格注意到,感到不公平是雇员对工作不满意的重要原因。随后的亚当斯对此进行了深入探讨,提出了比较系统的公平理论。公平理论认为,员工会将自己的收入付出与他人的收入付出进行比较,如果两者的比例相等,就会感到公平;如果两者不相等,尤其是当自己从付出中所得的收入比率比别人低的时候,就会感到不公平。因此,在一个企业中,员工关心的不仅是自己的实际工资水平,而且关心与他人工资的比较。即使一个员工获得了增加工资的奖励,但如果绩效不如他的同事也得到了同样的奖励,那么加薪也不能使这个员工满意。所以,以公平为关注点的工资理论,关心的是组织内部的工资结构、工资差别、工资关系。

3) 人力资本理论

人力资本理论是对工资差别内在原因的一种经济学解释。其代表人物是诺贝尔经济学奖获得者舒尔茨。舒尔茨认为,人力资本是由人力投资形成的,是存在于人体中的知识和技能等价值的总和。一个人的人力资本含量越高,其劳动生产率也越高,在劳动力市场中就可以得到越高的薪酬。这种观点在知识经济时代得到了广泛的认同。由于人力资本理论对企业内员工工资差异问题的解释有很强的说服力,可以较好地解释白领工人和蓝领工人的工资差别,因此被广泛应用于企业分配实践之中。

七、薪酬体系的规划

(一) 薪酬体系规划的内容

薪酬体系规划包括两个层次,即总体规划和分类计划。总体规划是关于规划期内薪酬管理总目标、总政策、实施步骤和总预算的安排。分类计划包括工资计划、奖金计划和福利计划,这些计划是总体规划的分解和具体化,对总体规划的执行起细化作用。各分类计划可视具体情况再进一步细化分解,如表 7-2 所示。

表 7-2　薪酬体系规划及分类计划

规划类别	目　标	政　策	步　骤	预　算
总规划	总体绩效提高、人员稳定、员工满意度与社会声誉比较好、公平程度、士气水平等提高	提高、减少、平衡、稳定、改革等薪酬管理基本措施	总体步骤	总预算
工资计划	总额控制、工效挂钩、有效激励、提高凝聚力	调整、定级、倾斜	政策出台日期、实施效果评估、调整日期	增减工资额
奖金计划	绩效提高，积极性提高，长期行为增强	重点原则、奖励方法、普遍水准、计件计奖、提成制度、分享制度	按季发放、按班组考核、按年发放、按指标考核	如按利润增长额度分段递增分享比率
福利计划	凝聚力提高	福利标准、对象及实施办法、优先安排原则	如每年安排旅游或休假等	资金来源及使用金额

（二）薪酬体系规划的意义

1. 适应外部环境变化，增强企业凝聚力

根据系统论的系统层次性观点，人力资源是一个系统，企业是一个系统，企业外部环境即社会又是一个大系统，这三个系统依次包含，并相互制约。作为人力资源系统子系统的薪酬体系则必须保持与上述三个系统的平衡。

（1）与人力资源系统内部其他子系统的平衡。如与招聘选拔系统、开发培训系统、业绩评估系统等子系统的平衡。

（2）与企业内部其他资源系统各子系统的平衡。如与资金系统、物质系统、技术装备系统以及营销系统等子系统的平衡。

（3）与企业外部环境的平衡。企业的一些外部条件将影响薪酬体系的规划，这些条件如人力资源市场情况、政府的薪酬政策、国家经济形势、同行业工资水平等，都对薪酬体系规划产生影响。

2. 保证内部公平及分配的计划性

薪酬体系规划的目的之一是使内部分配有章可循，克服薪酬管理中的随意性和不确定性，保证薪酬管理的公平性和计划性。

3. 加强企业人力资源成本控制

通过薪酬体系规划，企业可以对全年的薪酬成本进行科学预算、统筹安排，克服人力资源成本管理中的浪费和不经济行为，促进企业经济效益的提高。

（三）薪酬体系规划的步骤

薪酬体系规划工作是在不确定条件下进行的一项非常复杂的活动，它必须通过系统的方法，鉴别和分析企业内外部的多种因素，并使各因素与企业薪酬体系规划的总体目标相结合，这样才能保证规划的科学有效。一般而言，薪酬体系的规划应遵循如下程序，如

图 7-3 所示。

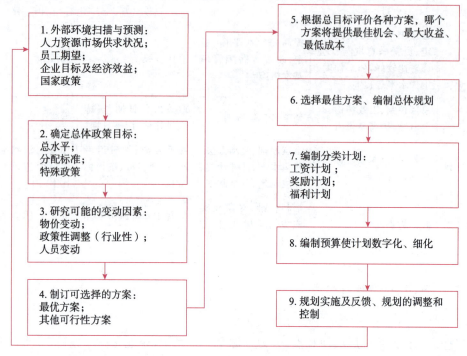

图 7-3　薪酬体系规划的步骤

八、薪酬体系管理的过程

（一）薪酬体系管理的基本过程

薪酬体系管理的基本过程如图 7-4 所示。

微课：薪酬体系管理

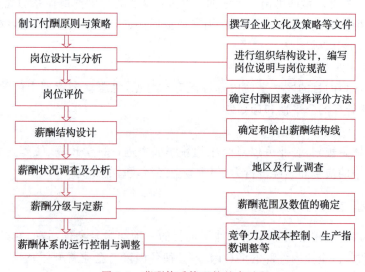

图 7-4　薪酬体系管理的基本过程

1. 确定付酬原则与策略

薪酬体系是企业文化内容的一部分,是以后各环节的前提,对各环节起着重要的指导作用。"为什么要采用这种薪酬体系""它对达到企业目标有什么帮助"等战略层次的问题,是企业薪酬管理制度设计时应该首先考虑的问题,因为薪酬制度能否满足人力资源管理战略的需求,直接关系到人力资源的竞争力,进而影响组织经营战略的实现。

成功的薪酬体系,可支持组织的经营战略,能承受周围环境中来自社会、竞争以及法律法规等方面的压力。它的最终目标是使组织赢得和保持竞争优势。所以在进行薪酬体系设计时,企业应重点思考薪酬制度如何支撑企业经营战略目标,企业选择的经营战略不同,企业的薪酬制度选择也就不同。

不同的经营战略对薪酬制度提出了不同的要求。成本领先战略以效率为中心,强调少用人,多办事,其方式是降低成本、鼓励提高劳动生产率、详细而精确地规定工作量。差异化战略强调创新,以风格迥异的产品满足顾客需求,其方式是不再过多地重视评价和衡量各种技能和职位,而是把重点放在激励工资上,以此鼓励员工大胆创新,缩短从产品设计到顾客购买之间的时间差。市场集中战略以顾客为核心,强调按顾客满意度给员工付酬。

因此,在确定薪酬体系时,应首先考虑如下问题。

(1) Why:为什么需要薪酬体系?该制度的首要目标是什么?

(2) What:支付什么?付酬的因素是什么?

通常,薪酬支付有以下原因:职位、绩效(贡献)、技能。在更多的时候薪酬支付的原因是这三者的组合。

(3) How:如何支付?用什么样的支付方式?

(4) Who:哪些人适合该薪酬体系?合格的标准是什么?

2. 岗位设计与分析

岗位设计与分析是薪酬体系建立的依据,这一活动将产生企业组织结构系统图及其中所有岗位的说明与规范等文件。科学的岗位设计可以除去多余的岗位、交叠重复的岗位,从而节省劳动力,提高劳动效率,免除给付不必要的薪酬;而岗位工作分析是公司人力资源管理的基础,也是薪酬管理的重要依据,根据岗位分析所标明的工作内容、责任大小、层级关系来确定其基本薪酬和岗位薪酬。

3. 岗位评价

岗位评价是保证内在公平的关键,要以必要的精确度、具体的金额来表示每一岗位对本企业的相对价值。这个价值反映了企业对该岗位占有者的要求。岗位工作的完成难度越大,对企业的贡献也越大,对企业的重要性也越高,从而它的相对价值就越大。需要指出的是,这些用来表示岗位相对价值的金额,并不就是该岗位占有者真正的薪酬额。

4. 薪酬结构设计

所谓薪酬结构,是指企业的组织结构中各岗位的相对价值与对应的实际薪酬间的关系。经过岗位评价,无论采用哪种方法,总可得到表明每一岗位对本企业相对价值的顺序、等级、分数或象征性的金额。将企业所有岗位的薪酬按统一的贡献原则定薪,便保证了企业薪酬体系的内在公平性。找出了这种理论上的价值后,还必须据此能转换成实际的薪酬值,进行薪酬结构设计。

5. 薪酬状况调查及分析

这一步骤应与前一步骤同时或提前进行。这项活动主要应研究两个问题：一是要调整什么，二是怎样收集数据。调查的内容首先是本地区、本行业，尤其是主要竞争对手的工资状况。参照同行或本地区其他企业的工资水平来调整、确定本企业对应岗位的工资，以保证企业薪酬体系的外在公平性。

6. 薪酬分级与定薪

在岗位评价后，根据确定的薪酬结构，将各种类型的岗位薪酬归并成若干级别，形成一个薪酬等级（职级）体系。通过这一步骤，就可以确立企业每一岗位具体的薪酬范围。

7. 薪酬体系的运行控制与调整

企业薪酬体系一经建立，需要投入正常运作并对其实行有效的控制与管理，使其发挥应有的功能。

（二）薪酬体系的调整

1. 奖励性调整

奖励性调整是为了奖励员工做出的优良工作成果，鼓励员工继续努力，再接再厉，更上一层楼，也就是论功行赏。奖励性调整又叫功劳性调整。

2. 生活指数调整

为了补偿员工因通货膨胀而导致的实际收入无形减少的损失，使员工生活水平不致渐趋降低，企业应根据物价指数状况对薪酬体系进行调整。生活指数调整常用的方式有两类：一类是等比调整，即所有员工都在原有薪酬基础上调升同一百分比；另一类是等额调整，即全体员工不论原有薪酬高低，一律给予等幅的调升。

3. 效益调整

当企业效益好、盈利增加时，对全员进行普遍加薪，但以浮动式、非永久性为佳；当企业效益下滑时，全员性的薪酬下调也应成为当然。但需注意的是薪酬调整往往具有"不可逆性"。

4. 工龄调整

薪酬的增加意味着工作经验的积累与丰富，代表着能力或绩效潜能的提高，也就是薪酬具有按绩效与贡献分配的性质。因此，薪酬调整最好不要实行人人等额逐年递增的办法，而应将工龄与考核结果结合起来，确定不同员工工龄薪酬调整的幅度。

5. 特殊调整

企业根据内外环境及特殊目的而对某类员工进行的薪酬调整。如实行年薪制的企业，每年年末应对下一年度经营者的年薪重新审定和调整；企业应根据市场因素适时调整企业内不可替代人员的薪酬，以留住人才。

九、薪酬等级设计

（一）普通管理人员薪酬设计

1. 普通管理人员薪酬设计思路

普通管理人员的薪酬设计可以按照结构工资制的思路设计。结构工资制是依据工资的

各种职能,将工资分解为几个组成部分,分别确定工资额。结构工资的基本构成内容如下:

工资＝基本工资＋工龄工资＋学历工资＋岗位工资＋绩效工资

1) 基本工资

基本工资是为保障员工基本生活需要的工资,设立的依据是《中华人民共和国劳动法》中关于国家实行最低工资保障制度的有关规定。基本工资标准的确定,通常应考虑以下因素:国家或地方政府规定的最低工资标准;本地区、本行业和本企业目前的基本工资;社会发展和通货膨胀等因素。

2) 工龄工资

工龄工资是根据员工参加工作的年限,用来体现员工逐年积累的劳动贡献的一种工资形式,其设立的目的是增强凝聚力,稳定员工队伍。工龄工资可在比照国家工龄津贴的基础上,根据企业的支付能力,并按社会工龄和本企业工龄分别确定。

3) 学历工资

学历工资实质上是把工资和知识挂钩,其设立是为了对员工知识积累的肯定和鼓励,不仅有利于促进管理人员参加各类培训教育,不断地掌握新知识,而且可以减少人员流动,提高员工素质。学历工资的差距在市场经济发达国家逐渐缩小,主要原因是智力投资成本差距在缩小。在未来发展道路上,劳动力必须承担越来越复杂的知识型工作,知识对一个企业所起的作用将会越来越大。但学历并不等于能力,因此学历工资彼此之间的差距不应过大,一般每一级学历工资之间的增长幅度控制在 20%～30% 比较合适。

4) 岗位工资

岗位工资的确定应考虑岗位的重要性、岗位的知识与技术含量、岗位对经验、能力的要求等因素。岗位工资一般占管理人员工资收入的 60% 左右,是管理人员工资收入的主体。

5) 绩效工资

绩效工资即员工收入与企业的业绩挂钩的部分,它是根据企业经济效益和员工实际完成的劳动数量和质量支付给员工的工资。绩效工资可按季、月或半年预提,年终结算。

2. 岗位等级的设计

按照现代企业组织机构的设置及职位等级结构体系,一般将管理人员岗位工资相应地分为 4～5 个层级(薪层)。例如,部门经理层、副经理、经理助理、高级职称层、业务主办、中级职称层、操作层(办事员)。由于个人上岗适应能力有所不同,表现、贡献也有差异等因素,每一层级还应实行"一岗多薪",即在同一薪层上再划分若干工资级别(薪级)。一般每一薪层可设 5 个薪级,选择其中一个为"中值",以中值为计算点,级差一般为 10%～20%,相邻薪层可有 1～2 个薪级交叠(如表 7-3 所示:中值幅度为 1∶5,分别为 5000、3000、2000、1000;级差为 15%)。

岗位工资等级表

3. 绩效工资的设计

1) 绩效工资的确定

首先按当年净收益(如税后净利)的一定百分比(提成比例)确定绩效工资总额,再按管理人员加权数量(全部管理人员对应的系数之和)确定人均绩效工资标准,最后按人均绩效工资标准和绩效工资系数确定个人绩效工资,计算公式为

绩效工资总额＝年度净收益×提成比例
人均绩效工资标准＝绩效工资总额÷管理人员加权数量
个人绩效工资＝人均绩效工资标准×绩效工资系数

2）绩效工资的发放

绩效工资可以按上一年度的净收益或本年度预计净收益的一定百分比，按月、季或半年预发，年终再结算。例如，按上一年度净收益、按月预发的计算公式为

每月人均绩效工资标准＝上一年度的净收益×提成比例÷12÷管理人员加权数量
个人的绩效工资＝每月人均绩效工资标准×发放比例×绩效工资系数

3）绩效工资系数

绩效工资系数的确定和岗位工资一样可采取"岗位等级制"，每一层的每一级对应一个系数。

（二）业务人员的薪酬设计

随着越来越激烈的竞争，企业若想立足于不败之地，必须拥有一支能力强、能量大的优秀业务队伍。但是为吸引和留住优秀的人才，必须有一套合理的业务人员的薪酬制度。

业务人员的薪酬制度一般有以下几种。

（1）固定工资制，即对业务人员的薪酬实行固定的支付方式。这种方式为业务人员提供了收入保障，但无法发挥有力的激励作用，干好干坏都一样，调动不起业务人员的积极性。

（2）纯佣金制，即完全以业绩作为计酬的标准，如用销售量、销售额或利润等可量化指标进行衡量，业绩好的薪酬高，业绩差的薪酬低，有较强的激励作用，从管理的角度来看，也简便易行。但是，这种方式很难给予业务人员一定的生活保障，收入不稳定、风险大。

（3）混合制，即前面两种方法的综合，业务人员的薪酬收入为

业务人员薪酬＝基本工资（固定部分）＋业务提成（变动部分）

基本工资可参考管理人员的基本工资确定，业务提成按个人业绩（销售量、销售额、利润）和提成比例确定。提成比例应根据同行业和本公司的具体情况，经科学分析、测算后确定。

（三）其他人员的薪酬

1. 一般人员的薪酬

一般人员或称服务性人员，包括司机、门卫、保安、前台等。由于服务性人员工作的重要性相对小，故对他们的工资可按市场价格来定，不进行分类定级。

2. 不可替代人员的薪酬

不可替代人员是指就本企业而言，在技术、管理能力等方面具有独占性，不能为他人所取代的员工。其判别依据可以是：在技术上的专有性、特殊性；管理能力的突出性；某一行当的专才。不可替代人员的薪酬应参考同类人员的市场价值，以略高于市场价值为宜。

任务演练

薪酬体系的设计如表 7-3 所示。

表 7-3　薪酬体系的设计

任务编号:7-1	建议学时:4 课时
实训地点:校内专业实训室	小组成员姓名:

一、任务描述
1. 演练任务:薪酬体系的设计;
2. 演练目的:认识薪酬体系的设计在薪酬管理中的重要性;
3. 演练内容:每人收集某企业组织的薪酬体系设计案例,分析案例的实际含义,撰写该企业薪酬体系设计报告(不少于 500 字)

二、相关资源
1. 以"薪酬体系设计"为关键词查询相关网络资料;
2. 进入中国人力资源开发网,浏览案例

三、任务实施
1. 完成分组,4~6 人为一小组,选出组长;
2. 围绕工作分析方法这一主题,查询资料,进行整理和分析,提交任务单;
3. 小组撰写 PPT,选出代表进行汇报

四、任务成果
(此处填写分析报告)
(一)案例简介

(二)案例分析

续表

（三）总结

五、任务执行评价

任务评分标准

序号	考核指标	所占分值	备注	得分
1	完成情况	10	在规定时间内完成并按时上交	
2	分析内容	40	内容丰满、分析明晰、问题合理	
3	分析报告质量	50	分析全面，结论正确	
总 分				

指导教师： 日期： 年 月 日

扫码下载任务单

活页笔记

学习过程

重、难点记录

学习体会与收获

任务二　福利管理

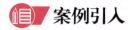

核心员工个性化的福利方案

一、福利的含义及特征

（一）福利的含义

福利又称职业福利或劳动福利，是为了满足员工的生活需要，在工资之外，企业向员工本人及其家属提供的货币、实物以及其他服务形式。员工福利也可分为社会性福利和企业内部福利。

社会性福利通常是指国家政府和法律法规所规定的、强制性的基本福利制度，即法定福利，如社会保险（包括养老保险、医疗保险、失业保险、生育保险、工伤保险等）、法定假期（包括法定节假日、公休假日、带薪年休假、婚丧假等）、住房公积金等。

企业内部福利是指企业根据自身的条件与能力在内部设定的附加福利，以满足员工更高层次的生活需求。企业内部福利主要包括企业补充养老保险、医疗保险、人寿保险、住房或购房支持计划、员工服务福利和其他补充福利等。

（二）福利的特征

福利是指企业支付给员工的间接薪酬，在劳动经济学中，福利又曾被称为小额优惠。与直接薪酬相比，福利具有两个重要的特点：一是直接薪酬往往采取货币支付和现期支付的方式，而福利多采取实物支付或延期支付的形式；二是直接薪酬具备一定的可变性，与员工个人直接相连；而福利则具有准固定成本的性质。

1. 相比直接薪酬，福利的特征

（1）针对性。企业为员工提供的福利都具有明显的针对性。一项福利往往是针对员工的某项需要而设立的，如集体宿舍、员工午餐、通勤车等；有些福利会有很强的季节性，如员工的夏季防暑费、冬季取暖费等。

（2）补偿性。企业提供的福利只起到满足员工有限生活需求的作用，不像直接薪酬那样满足的是员工的基本需要，只是对员工为企业提供劳动的一种物质补偿，也是员工薪酬收入的补充分配形式。

（3）均等性。福利的均等性是指企业所提供的福利是针对所有的履行劳动义务的本企业员工，它不以员工的业绩为准，只要是符合享受条件的企业员工，都可以享受。

（4）强制性。企业的法定福利是国家依法强制实施的对员工的社会保护政策，被保险人必须参加，承保人（企业）必须接受，没有讨价还价的余地。

2. 福利存在的问题

（1）福利具有普遍性，与员工个人的绩效并没有太大的直接联系，因此在提高员工工作绩效方面的效果不如直接薪酬那么明显，这也是福利最主要的问题。

（2）福利具有刚性，一旦为员工提供了某种福利，就很难将其取消，这样就会导致福利的不断膨胀，从而增加企业的负担。

二、福利的内容

在不同的企业中，福利的内容是各不相同的，存在着非常大的差异。但是，一般来说，可以将福利的项目划分为两大类：一是国家法定的福利；二是企业自主的福利。

（一）国家法定的福利

法定福利是由国家相关的法律和法规规定的福利内容，具有强制性，任何企业都必须执行。从我国目前的情况看，法定福利主要包括以下两项内容。

1. 法定的社会保险

社会保险是国家通过立法手段建立的，为保障劳动者在遭遇年老、疾病、失业、生育、伤残及死亡等风险和事故，暂时或永久性地失去劳动能力或劳动机会，从而全部或部分丧失生活来源的情况下，能够享受到社会给予的物质帮助，维持其基本生活水平的社会保障制度。它主要包括以下五大险种：基本养老保险、基本医疗保险、失业保险、工伤保险和生育保险，企业要按照员工工资的一定比例为员工缴纳保险费，如我国的《失业保险条例》第六条规定，城镇企事业单位要按照本单位工资总额的2%缴纳失业保险费。

法定的社会保险

2. 法定假期

法定假期是企业职工依法享有的休息时间。在法定休息时间内，职工仍可获得与工作时间相同的工资报酬。《中华人民共和国劳动法》规定的法定假期主要包括四个方面。

（1）法定节假日。法定节假日就是员工在法定的节假日要享受休假，我国目前的法定节日包括元旦、春节、国际劳动节、国庆节和法律法规规定的其他休假节日。

（2）公休假日。公休假日是指企业要在员工工作满一个工作周后让员工休息一定的时间，我国目前实行的是每周休息两天的制度。

（3）法定休假日。就是员工在法定的节日要享受休假，我国目前的法定节日包括元旦、春节、国际劳动节、国庆节和法律法规规定的其他休假节日。

（4）带薪休假。指员工工作满规定的时期后，可以带薪休假一定的时间。《中华人民共和国劳动法》第四十五条规定：“国家实行带薪年休假制度。劳动者连续工作一年以上的，享受带薪年休假。”

（二）企业自主的福利

除了法定的福利外，许多企业也自愿地向员工提供其他种类的福利，比如除了法定之外由于某种原因而为员工另外提供的各种假期、休假，为员工及其家属提供的各种服务项目（儿童看护、老年人护理等），以及灵活多样的员工退休计划等，这类福利称为企业自主福利。与法定福利本质上的不同之处在于：它们不具有任何的强制性，具体的项目也没有一定的标准，企业可以根据自身的情况灵活决定。企业自主福利种类繁多，在这里只介绍较为常见的几种形式。

企业常见自主的福利形式

三、福利管理的流程设计

为了保证给员工提供的福利能够充分发挥其应有的作用，在实践中，一般要按照下面的流程来设计实施福利管理。

1. 建立福利目标

设计福利制度应建立特定的目标，且该目标应该考虑企业的规模、企业所在地区的经济环境、企业的盈利能力及行业竞争对手情况等。建立福利目标最重要的是要和企业经营战略相一致，既要兼顾员工的眼前需要与长远需要，还要能调动大部分员工的积极性，吸引优秀人才，并将其成本控制在企业可能的范围之内。

2. 调查阶段

为了使提供的福利能够真正满足员工的需要，首先应进行福利需求的调查。过去好多企业忽视了这一点，盲目地向员工提供福利，虽然也支出了大笔的费用，效果却不理想。在进行福利调查时，既可以由企业提供一个备选"菜单"，让员工从中进行选择，也可以直接收集员工的意见。

与基本薪酬的确定一样，福利调查也要分为两个部分，内部福利调查只是解决了员工的需求问题，但是这些需求是否合理，企业总体的福利水平应当是多少，这些问题都需要进行外部福利调查。当然，这种调查没有必要单独进行，可以在薪酬调查时一起进行。

3. 福利基金筹集

福利基金的筹集是企业福利制度设计中的重要内容。员工的福利基金是企业依法筹集的、专门用于员工福利支出的资金。管理者在进行福利设计时，必须确定基金的来源渠道。不同的国家与地区以及企业有不同的资金来源。企业一般有三种筹集渠道：按法规从企业资产和收入中提取，企业自筹，向员工个人征收。我国企业也必须按照国家法律的规定来提取或筹集员工福利基金。

4. 规划阶段

福利调查结束后，就要进行福利的规划。首先，企业要根据内外部调查的结果和企业自身的情况,确定需要提供的福利项目。其次,要对福利成本作出预算,包括总的福利费用、各个福利内容的成本、每个员工的福利成本等。最后,要制订出详细的福利实施计划,如福利产品购买的时间、发放的时间、购买的程序、保管的制度等。

5. 实施阶段

实施阶段就是要按照已制订好的福利实施计划,向员工提供具体的福利。在实施中兼顾原则性和灵活性,如果没有特殊情况,一定要严格按照制订的计划来实施,以控制好福利成本的开支;即便遇到特殊情况,也要灵活处理,对计划作出适当调整,以保证福利提供的效果。在组织与实施员工福利的过程中,企业应做好以下工作。

(1) 利用有效的渠道宣传各项福利,做好福利沟通工作,了解员工的福利需要。

(2) 开展福利调查,收集员工对企业各项福利项目的态度、看法与要求。

(3) 组织实施福利计划,落实每项福利计划与预算,定期检查实施情况,收集反馈信息并改进,以增强员工对企业的认同感,增强企业的凝聚力。

6. 反馈阶段

实施阶段结束以后,还要对员工进行反馈调查,以发现在调查、规划和实施阶段中存在的问题,从而不断完善福利实施的过程,改善福利管理的质量。

四、弹性福利

传统上,企业提供的福利都是固定的,向所有的员工提供一样的福利内容,但是员工的实际需求其实并不都完全一样,因此固定的福利模式往往无法满足员工多样化的需求,从而削弱了福利实施的效果。从20世纪90年代开始,弹性福利模式逐渐兴起,成为福利管理发展的一个趋势。

弹性福利也称自助式福利,就是由员工自行选择福利项目的福利管理模式。需要强调的是,弹性并不意味着员工可以完全自由地进行选择,有一些项目还是非选项,如法定的社会保险。从目前的实践来看,企业实行的弹性福利主要有以下五种类型。

(1) 附加型弹性福利。就是指在现有的福利计划之外,再提供一些福利项目或提高原有的福利水准,由员工选择。例如,原来的福利计划包括房屋津贴、交通补助、免费午餐等,实行附加型弹性福利后,可以在执行上述福利的基础上,额外提供附加福利,如补充的养老保险等。

(2) 核心加选择型弹性福利。就是由核心福利项目和选择福利项目组成福利计划,核心福利是所有员工都享有的基本福利,不能随意选择;选择福利项目包括所有可以自由选择的项目,并附有购买价格,每个员工都有一个福利限额,如果总值超过了所拥有的限额,差额就要折为现金由员工支付。福利限额一般是未实施弹性福利时所享有的福利水平。

(3) 弹性支用账户。就是指员工每年可以从其税前收入中拨出一定数额的款项作为自己的"支用账户",并以此账户去选购各种福利项目的福利计划。由于拨入该账户的金额不必缴纳所得税,因此对员工具有吸引力。为了保证"专款专用",一般都规定账户中的金额如果本年度没有用完,不能在来年使用,也不能以现金形式发放,而且已经确定的认购福利款项也不得挪作他用。

（4）福利"套餐"。就是由企业提供多种固定的福利项目组合，员工只能自由地选择某种福利组合，而不能自己组合。

（5）选择性弹性福利。就是在原有的固定福利的基础上，提供几种项目不等、程度不同的福利组合供员工选择。这些福利组合的价值，有些比原有固定福利高，有些则比原有固定福利低。如果员工选择比原有固定福利价值低的组合，就会得到其中的差额，但是员工必须对所得的差额纳税。如果员工选择了价值较高的福利组合，就要扣除一部分直接薪酬作为补偿。

弹性福利模式的发展，解决了传统的固定福利模式所存在的问题，可以更好地满足员工的不同需要，从而增强激励的效果。此外，这种模式也减轻了人力资源管理人员的工作量。但是这种模式也存在着一定的问题：员工可能只顾眼前利益或者考虑不周，从而选择了不实用的福利项目；由于福利项目不统一，减少了购买的规模效应，而且增加了管理的成本。

任务演练

福利管理的流程设计如表 7-4 所示。

表 7-4　福利管理的流程设计

任务编号：7-2	建议学时：4 课时
实训地点：校内专业实训室	小组成员姓名：
一、任务描述 1. 演练任务：福利管理的流程设计； 2. 演练目的：认识福利管理在薪酬管理中的重要性； 3. 演练内容：每人收集某企业组织的福利管理案例，分析案例的实际含义，撰写该企业福利管理流程设计的分析报告（不少于 500 字）。	
二、相关资源 1. 以"福利管理流程设计"为关键词查询相关网络资料； 2. 进入中国人力资源开发网，浏览案例	
三、任务实施 1. 完成分组，4～6 人为一小组，选出组长； 2. 围绕工作分析方法这一主题，查询资料，进行整理和分析，提交任务单； 3. 小组撰写 PPT，选出代表进行汇报	
四、任务成果 （此处填写分析报告） （一）案例简介	

续表

（二）案例分析

（三）总结

五、任务执行评价

任务评分标准

序号	考核指标	所占分值	备注	得分
1	完成情况	10	在规定时间内完成并按时上交	
2	分析内容	40	内容丰满、分析明晰、问题合理	
3	分析报告质量	50	分析全面，结论正确	
	总分			

指导教师：

日期： 年 月 日

扫码下载任务单

活页笔记

学习过程

重、难点记录

学习体会与收获

模块八 员工激励

导 读

员工激励是指通过各种有效的手段,对员工的各种需要予以不同程度的满足或者限制,以激发员工的需要、动机、欲望,从而使员工形成某一特定目标并在追求这一目标的过程中保持高昂的情绪和持续的积极状态,充分挖掘潜力,全力达到预期目标的过程。

通过本模块的学习,能够使同学们充分认识到激励在管理过程中的重要作用,了解激励的基本原则,掌握激励的过程,并能够对不同的企业激励案例作出相应的分析。

知识目标

- 掌握激励的概念。
- 了解激励的过程。
- 掌握内容型激励理论的基本理念。
- 掌握过程型激励理论的基本理念。
- 掌握行为改造型激励理论的基本理念。

能力目标

- 能够分析成功企业激励案例的内部原理。
- 能够针对案例撰写激励方案。
- 能够制作小组总结 PPT 并进行演讲汇报。

素质目标

- 培养学生信息收集、筛选、整理资料的能力。
- 培养学生判断分析能力和敏锐的观察力。
- 培养学生系统思考和独立思考的能力。
- 培养学生良好的表达能力。
- 培养学生良好的团结协作能力。
- 培养学生分析问题、解决问题的能力。

任务一　优秀企业成功激励案例点评

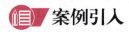 **案例引入**

某中小型教育投资公司对"90后"员工的激励措施

 **知识链接**

一、激励的概念

"激励"一词作为心理学术语,指的是持续激发人的动机,使人有一股内在动力,朝着所希望的目标前进的心理过程。通过激励,在某种内部或外部刺激的影响下,使人始终处于兴奋的状态。从管理的角度来讲,激励指的是以满足个体的某些需要为条件,努力实现组织目标的过程。其实质是调动人的积极性,提高工作绩效,使个体目标与组织相统一,在实现个体目标的同时,有效地实现组织目标。激励的定义中隐含着个体需求必须和组织目标需求相一致的要求,否则,虽然个体表现出高水平的努力,但却与组织利益背道而驰。

在一般情况下,激励表现为外界所施加的吸引力与推动力,即通过多种形式对人的需要给予不同程度的满足或限制。通过激励来调动工作人员的积极性、创造性,是从事管理工作的一项重要的任务。

激励同时也是人力资源管理中的重要问题,不管是从事激励研究的学者,还是从事企业经营的管理者都非常关注激励问题的研究。因为每个人都需要激励,需要自我激励,需要来自同事、群体、领导和组织方面的激励。企业中的管理工作者需要创造并维持一种激励的环境,在此环境中使员工完成组织目标。在工作中,主管人员如果不知道如何去激励人,便不能提高员工的工作绩效和工作效率,挖掘员工的内在潜力,挽留住人才,也就不能很好地完成管理工作。

二、激励的基本特征

通常,被激励者会有三类表现:第一,被激励者十分努力地工作;第二,被激励者长时间坚持某种行为;第三,被激励者目标明确稳定。把上面三类表现归结为以下三种基本的激励特征。

（一）努力程度

激励的第一个特征是指被激励者在工作中表现出来的工作行为的强度或努力程度的总和。例如,员工受到激励后能够提高工作效率,使产量提高一倍。

（二）持久程度

激励的第二个特征是指被激励者在努力完成工作任务方面表现出来的长期性,例如,某位员工被评选为优秀工作者后,长期保持认真负责的工作态度。

（三）方向性

激励的第三个特征是指被激励者能否按激励的方向去努力,激励者有时的激励行为能够使被激励者的行为按自己设计的方向去发展,但有时也可以使激励行为得到相反的作用。

三、激励的类型

（一）按激励的内容分为物质激励和精神激励

物质激励主要是针对人的生理要求进行的。这种激励如果运用不当会使人走上"唯利是图"之路,变得鼠目寸光,忘掉自己的历史责任和社会责任。精神激励主要是针对人的"向上"心理进行的,这是人类社会进化的内在动力。

（二）按激励的性质分为正激励与负激励

正激励是继续强化人的行为的激励。它一般是在人的行为符合社会需要的情况下,为了进一步提高人们的积极性、创造性、工作效率而进行的。正激励的手段可以是物质方面的,如奖金、津贴或其他方面的物质奖励;也可以是精神方面的,如表扬、树立先进类型等。

负激励是抑制,甚至制止某种行为的激励。负激励是针对不符合社会需要的行为进行的,目的是改变其行为方向,使其符合社会需要。因此,当进行负激励时,往往伴随着正激励的因素,即指明何种行为才是社会所需要的,并鼓励其按社会所需要的方向前进。

负激励的手段可以是物质的,如降低工资级别、罚款等;也可以是精神方面的,如批评、通报、记过等,一般来说,以精神方面的手段为主,即使是采取物质方面的手段,也要结合精神方面的手段。

（三）按激励的形式分为内滋激励和外附激励

内滋激励是指在管理过程中,通过引导组织成员的内发性欲求,鼓励其工作行为动机的过程。外附激励是指借助外在刺激后达到激发组织成员的工作行为动机的过程。

与外附激励相比,在人事管理中,内滋激励更为重要。保持外附激励和内滋激励两者的相互关系,使外附激励起到增强组织成员对工作活动本身及完成任务的满足感,是激励的重要原则。

(四) 按激励的效用时间分为短效激励与长效激励

不同的激励内容,起作用的时间是不同的。有的只在激励过程中起作用,有的在激励过程结束之后相当长的时间内仍起作用。一般来说,物质方面的激励起作用的时间较短,精神方面的激励起作用的时间较长。这是因为精神方面的激励是和提高人的素质相结合的。

四、激励的基本原则

(一) 目标结合原则

目标结合是指激励目标与组织目标相结合的原则。在激励机制中,设置目标是一个关键环节,目标设置必须同时体现组织目标和员工需求。

(二) 物质激励和精神激励相结合原则

从前面的分析中可以了解到,物质激励是基础,精神激励是根本。单纯的物质激励与精神激励都不能完整地调动员工的工作积极性,因此要将这两种激励方式结合起来,在两者结合的基础上,逐步过渡到以精神激励为主的激励方式。

(三) 合理性原则

激励的合理性原则包括两层含义:其一,激励的措施要适度。要根据所实现的目标本身的价值大小确定适当的激励量,"超量激励"和"欠量激励"不但起不到激励的真正作用,有时甚至还会起反作用。其二,奖惩要公平。努力满足激励对象的公平要求,应积极减少和消除不公平现象,正确的做法是领导者要做到公平处世、公平待人,不以好恶论人。对激励对象的分配、晋级、奖励、使用等方面,要努力做到公正合理。

> **小知识**
>
> ### 警觉性实验
>
> 西方心理学家奥格登在1963年曾经做过一个有趣的实验,叫作警觉性实验。实验是用一个光源来调节发光的强度,然后记录被试者辨别光强度变化的感觉以测定其警觉性。实验分为四个组:A组为控制组,不施加任何激励,只是一般地告知实验的要求与方法;B组是挑战组,成员被告知,他们是经过精心挑选的,觉察力最强,理应错误最少;C组是竞赛组,明确告知要以误差次数评定优劣名次;D组为奖惩组,每出现一次错误,罚一美分,每次无误奖励五美分。实验结果如表8-1所示。

表 8-1　警觉性实验结果

组别	A	B	C	D
激励情况	不施加任何激励	精神激励	运用竞赛手段	物质奖励（奖惩）
误差次数	24	8	14	11
排序	4（最多）	1（最少）	3	2

这一实验结果不仅说明了激励的强大作用，还揭示了激励类型对行为的影响，生动地揭示出精神激励比物质激励所具有的优势，为组织活动中侧重精神激励提供了一定的行为依据。

（四）明确性原则

激励的明确性原则包括三层含义：其一，明确。明确激励的目的，即需要做什么和必须怎么做。其二，公开。特别是分配奖金等大量员工关注的问题时，更为重要。其三，直观。实施物质激励和精神激励时都需要直观地表达它们的指标，总结给予奖励和惩罚的方式，直观性与激励影响的心理效应成正比。

（五）时效性原则

要把握激励的时机，须知"雪中送炭"和"雨后送伞"的效果是不一样的，激励的时机是激励机制的一个重要因素，激励在不同时间进行，其作用与效果是有很大差别的。例如，厨师炒菜时，不同的时间放入调味料，菜的味道和质量是不一样的。激励越及时，越有利于将人们的激情推向高潮，使其创造力连续有效地发挥出来，超前的激励可能会使下属感到无足轻重，迟到的激励可能会让下属觉得画蛇添足，都失去了激励应有的意义。

（六）正激励与负激励相结合原则

正激励是从正方向给予鼓励，负激励是从反方向予以刺激，它们是激励中不可缺少的两个方面，俗语"小功不奖则大功不立，小过不戒则大过必生"，讲的就是这个道理。在实际工作中，只有做到奖功罚过、奖优罚劣、奖勤罚懒，才能真正调动起员工的工作热情，形成人人争先的竞争局面。如果良莠不齐、是非不明，势必形成"干多干少一个样、干与不干一个样"的心理。所以，只有坚持正激励与负激励相结合的原则，才会形成一种激励合力，真正发挥出激励的作用，在两者结合使用的同时，一般来说应该以正激励为主。

（七）按需激励原则

按需激励是指激励的针对性，即针对什么样的内容来实施激励，它对激励效果也有显著影响。马斯洛的需要层次理论有力地证明，激励方向的选择与激励作用的发挥有着非常密切的联系。当某一层次的优先需要基本上得到满足时，应该调整激励方向，将其转移到满足更高层次的优先需要，这样才能够更有效地达到激励的目的。例如，对一个具有强烈自我表现欲望的员工来说，如果要对他所取得的成绩予以奖励，奖给他奖金和实物不如为他创造一次能充分体现自己才能的机会,使他从中得到更大的鼓励。还有一点需要指出的是,激励方向的选择是以优先需要的发现为其前提条件的,所以及时发现下属的优先需要是管理人员实施正确激励的关键。

五、激励理论的类型

根据激励理论研究激励问题的不同方面,可将激励理论分为以下几种类型。

(一)内容型激励理论

内容型激励理论着重研究激励动机的因素,由于这类理论的内容具体到对人的需要的研究上,所以也称为需要理论。西方的需求理论主要包括马斯洛的需要层次理论、赫茨伯格的双因素理论、奥尔德弗的生存、关系和成长理论以及麦克利兰的成就需要理论等。

(二)过程型激励理论

过程型激励理论着重研究从动机的产生到采取具体行动的心理过程。这类理论都试图通过弄清人们对付出努力、功效的要求和对奖酬价值的认识,以达到激励的目的。主要包括弗罗姆的期望理论、洛克的目标设置理论、亚当斯的公平理论、俞文钊的公平差别理论等。

(三)行为改造型激励理论

行为改造型激励理论以斯金纳的操作性条件反射为基础,着重研究对被管理者行为的改造修正。这类理论主要有强化理论、挫折理论以及凯利的归因理论等。

(四)综合型激励理论

在以上三类激励理论的基础上,一些学者又提出一类综合型激励理论。主要包括波特和劳勒的综合激励模式和迪尔的综合激励模式。这两种理论是综合运用多种激励理论来探讨复杂的激励问题的尝试。

任务演练

优秀企业员工激励案例点评如表 8-2 所示。

表 8-2 优秀企业员工激励案例点评

任务编号:8-1	建议学时:4 课时
实训地点:校内专业实训室	小组成员姓名:

一、任务描述
1. 演练任务:优秀企业员工激励案例点评;
2. 演练目的:认识员工激励需要掌握的关键点;
3. 演练内容:每人收集某企业、某品牌或某产品成功的员工激励案例,分析案例的成功过程,写出点评稿(不少于 500 字)

续表

二、相关资源
1. 以"优秀企业员工激励措施"为关键词查询相关网络资料；
2. 进入豆丁、百度等常用网站，搜索、浏览优秀企业员工激励成功案例

三、任务实施
1. 完成分组，4～6人为一小组，选出组长；
2. 围绕优秀企业员工激励措施这一主题，查询资料，进行整理和分析，提交任务单；
3. 小组撰写PPT，选出代表进行汇报

四、任务成果
（此处填写点评稿）
（一）案例简介

（二）案例关键点

（三）过程点评

（四）总结

五、任务执行评价

任务评分标准

序号	考核指标	所占分值	备注	得分
1	完成情况	10	在规定时间内完成并按时上交	
2	内容	50	内容丰满、图文并茂、PPT精美	
3	点评质量	40	准确分析其在激励关键点、流程等方面的成功之道，有自己的观点	
总 分				

指导教师：

日期： 年 月 日

扫码下载任务单

活页笔记

📖 学习过程

✏️ 重、难点记录

📚 学习体会与收获

任务二 激励过程分析

案例引入

某高职院校激发高知人才积极性的绩效管理案例

知识链接

一、内容型激励理论

(一) 需要层次理论

著名的美国人本主义心理学家马斯洛认为,人的一切行为都是由需要引起的,他在1943年出版的《调动人的积极性的理论》一书中提出了著名的需要层次理论。马斯洛把人的多种多样的需要归纳为五大类,并按照它们发生的先后次序分为五个等级。

1. 生理需要

生理需要是人类最原始的也是最基本的需要,如吃饭、穿衣、住宅、医疗等。只有在生理需要基本满足之后,其他的需要才能成为新的激励因素,而在未满足之前生理需要是调动人们行为的最大动力。

2. 安全需要

当一个人的生理需要得到满足后,满足安全的需要就会产生。个人寻求生命、财产等个人生活方面免于威胁、侵犯并得到保障的心理就是安全的需要。

3. 归属与爱的需要

归属与爱的需要是一种社会需要,包括同人往来,进行社会交际,获得伙伴之间、朋友之间的融洽关系或保持友谊和忠诚,人人都希望获得别人的爱,给予别人爱,并希望受到别的团体与社会所接纳,成为其中的一员,彼此相互支持与关照。

4. 尊重的需要

尊重的需要包括受人尊重与自我尊重两方面。前者是希望得到别人的重视,获得名誉、地位;后者是希望个人有价值、有能力,成就得到社会的承认。

5. 自我实现的需要

自我实现的需要是指实现个人理想、抱负,最大限度地发挥个人的能力的需要,是需要层次理论的最高层次。马斯洛认为：为满足自我实现的需要所采取的途径是因人而异的。有人希望成为一位成功的商人，有人希望成为体育明星，还有人希望成为画家或音乐家。简而言之，自我实现的需要是指最大限度地发挥一个人的潜能的需要。

马斯洛把五种需要分为高层次需要和低层次需要。生理需要和安全需要是低层次需要；归属于爱的需要、尊重的需要和自我实现的需要是高层次需要。区分这两个层次的需要的前提是：较高层次的需要从内部使人得到满足，较低层次的需要从外部使人得到满足。

马斯洛认为各层次需要之间有以下一些关系：一般来说，这五种需要像阶梯一样，从低到高，低一层次的需要获得满足后，就会向高一层次的需要发展；这五种需要不是每个人都能满足的，越是靠近顶部的成长型需要，满足的百分比越少，但是激励力量越强；同一时期，个体可能同时存在多种需要，因为人的行为往往是受多种需要支配的，每一时期总有一种需要占支配地位。

近年来的研究有些新发现：缺乏型需要几乎人人都有，而成长型需要并不是所有人都有。尤其是自我实现的需要，相当部分的人没有。满足需要时不一定先从最低层次开始，有时可以从中层或高层开始，有时个体为了满足高层次的需要而牺牲低层次的需要，任何一种需要并不因为满足而消失，高层次需要发展时，低层次需要仍然存在，在许多情景中，各层次的需要相互依赖和重叠。

（二）双因素理论

1. 双因素理论的基本内容

双因素理论是美国心理学家赫茨伯格于20世纪50年代后期提出来的。赫茨伯格认为，影响人的行为积极性的因素有两类，即激励因素和保健因素，简称为双因素理论。

激励因素是指能够在工作中激励员工、给员工带来满意感的因素，一般包括工作本身的挑战性、工作所富有的成就感、工作成绩能够得到大家的认可、工作所需要担负的责任以及职业生涯中的晋升等因素。这类因素涉及员工对工作的积极感情，同时也和工作本身的内容有关。当具备了这类因素时，激励因素自身所具备的激励作用便能够得以发挥，使员工富有工作热情，产生较高的绩效，员工也因此产生满意感。但如果处理不好这类因素，也只会使员工不能产生满意的感觉。

保健因素是指能够在工作中安抚员工、消除员工不满意感的因素，一般包括公司的政策与管理、技术监督方式、工薪薪金、工作环境、人际关系以及地位等因素。这类因素涉及员工对工作的消极感情，同时也与工作氛围和工作环境有关。当这类因素得到改善时，只能消除员工的不满意，安抚员工，使消极对抗行为消失，却不会使员工感到非常满意。一旦处理不好这类因素，就会使员工产生不满意的感觉，带来沮丧、缺勤、离职、消极怠工等结果。相比较而言，就工作本身来说，保健因素是外在的，激励因素是内在的，或者说是与工作相联系的内在因素。

2. 双因素理论在管理中的应用

1) 保健因素与激励因素在一定条件下可以互相转化

具备必要的保健因素才不会使职工产生不满情绪，从而调动和保持员工的积极性，赫茨伯格提出的成就、责任心、发展、成长等因素的确应引起管理者的重视。

2）注重"内在满足"和"外在满足"的问题

"内在满足"和"外在满足"即"内在激励"和"外在激励"或"正激励"和"反激励"。内在满足是指个人从工作本身中得到的满足；外在满足是指个人在工作之后得到的满足。人们工作动机的强弱、工作热情的高低在很大程度上是依附于对工作满足感的期望。满足感来自管理人员所提供的外在报酬和工作带来的内在满足。内在满足的激励作用比外在满足的激励作用持久稳定，所以管理者要创造条件，尽量满足人们的内在需要。

3）采取激励因素调动员工积极性

人们通过努力取得了成绩，就会有荣誉感和胜利感，有较高的士气和精神状态，有的人会沿着正确的方向，继续努力争取更大的成就；有的人会沾沾自喜，骄傲自大、故步自封。如果通过努力没有取得所预期的成就，心理上就会有一种失败感，有的人会总结教训，继续努力；有的人会因此萎靡不振。从工资待遇、奖金津贴这两个因素来看，它们也有正激励和反激励的作用。工资和奖金收入，不仅是人们保障生理需求的条件，而且是社会地位、角色扮演、个人成就、贡献的象征，有很大的心理意义，对人们也有较大的激励作用。但是，奖金如果不同内在因素、工作成就、工作表现相结合，就不会有多大的激励作用，只能是其中的一个保健因素。

在管理实践中根据双因素理论，可以采用扩大员工的工作范围，使员工在工作计划和管理中负有更大的责任等激励措施，来调动员工的积极性。具体做法有工作丰富化、工作扩大化、弹性工时等。

（1）工作丰富化。让员工有机会参加工作的计划和设计，得到信息反馈，以正确估计和修正自己的工作，并使员工对工作本身产生兴趣，获得责任感和成就感。

（2）工作扩大化。增加员工的工作种类，让其同时承担几项工作或完成更长的工作链，以增加其对工作的兴趣，克服因精细专业化和高度自动化带来的工作单调与乏味。

（3）弹性工时。这种制度规定员工除一部分时间须按规定时间上班外，其余时间在一定范围内可以让其自行安排，以提高员工的工作情绪和工作效率。

（三）ERG 理论

美国耶鲁大学克雷顿·奥尔德弗在马斯洛提出的需要层次理论的基础上，进行了更接近实际经验的研究，提出了一种新的人本主义需要理论。奥尔德弗认为，人们共存在三种核心的需要，即生存（existence）、相互关系（relatedness）和成长发展（growth），因而这一理论被称为 ERG 理论。

（1）生存的需要。这类需要关系到机体的存在或生存，包括衣、食、住以及工作组织为使其得到这些因素而提供的手段，这实际上相当于马斯洛理论中的自我实现生理需要和安全需要。

（2）相互关系的需要。这里指发展人际关系的需要。这种需要通过工作中或工作以外与其他人的接触和交往得到满足，相当于马斯洛理论中归属于爱的需要和一部分尊重的需要。

(3) 成长发展的需要,这是个人自我发展和自我完善的需要,这种需要通过发展个人潜力和才能,从而得到满足,这相当于马斯洛理论中的自我实现需要和尊重需要。

除了三种需要替代了五种需要外,与马斯洛低层次需要理论不同的是,奥尔德弗的 ERG 理论还表明:人在同一时期可能有不止一种需要起作用,如果较高层次需要的满足是受抑制的,那么人们对较低层次需要的渴望会变得更加强烈。

马斯洛低层次需要理论是一种刚性的阶梯式上升结构,即认为较低层次的需要必须在较高层次的需要满足之前得到充分的满足,二者具有不可逆性。而相反的是 ERG 理论并不认为各类需要层次是刚性结构,即使一个人的生存和相互关系需要尚未得到完全满足,他仍然可以为成长发展的需要工作,而且这三种需要可以同时起作用。

此外,ERG 理论还提出了一种叫作"受挫—回归"的思想,马斯洛认为当一个人的某一层次需要尚未得到满足时,他可能会停留在这一需要的层次上,直到获得满足为止。相反地,ERG 理论则认为,当一个人在某一更高等级的需要层次受挫时,作为替代,他的某一较低层次需要可能会有所增加。例如,如果一个人社会交往得不到满足,可能会增强他对得到更多金钱或更好的工作条件的愿望。与马斯洛层次需要理论类似的是 ERG 理论认为较低层次的需要满足之后,会引发出对更高层次需要的愿望。不同于需要层次理论的是 ERG 理论认为多种需要可以同时作为激励因素而起作用,并且当满足较高层次需要的愿望受挫时,会导致人们向较低层次需要回归。因此,管理措施应随着人的需要结构的变化而作出相应的改变,并且根据每个人不同的需要制定出相应的管理措施。

(四)成就需要理论

美国哈佛大学教授戴维·麦克利兰是当代研究动机权威心理学家。他从 20 世纪四五十年代起就开始对人的需求和动机进行研究,提出了著名的"三种需要理论"并提出了一系列重要的研究结论。

麦克利兰提出了人的多种需要,他认为个体在工作情境中有三种重要的动机或需要。

1. 成就需要:争取成功,希望做到最好的需要

麦克利兰认为,具有强烈的成就需要的人渴望将事情做得更为完美,提高工作效率,获得更大的成功,他们追求的是在争取成功的过程中克服困难、解决难题、努力奋斗的兴趣,以及成功之后的个人成就感,他们并不看重成功所带来的物质奖励。个体的成就需要与他们所处的经济、文化、社会、政府的发展程度有关,社会风气也制约着人们的成就需要,麦克利兰发现高成就需要者的特点如下。

1)及时明确反应

高成就者希望他们的行为能够得到及时明确的反馈,告诉他们自己的行为效果。因此,高成就需要者一般会选择业绩比较容易考核的职业。

2)适度挑战性的目标

高成就需要者一般设置中等挑战性目标,因为他们通过克服困难来证明成功结果是由于他们自己的努力行为引起的,高成就需要者对于自己感到成败机会各半的工作,表现

最为出色,他们不喜欢成功的可能性非常低的工作,这种工作碰运气的成分非常大,那种带有偶然性的成功机会无法满足他们的成功需要;同样,他们也不喜欢成功性很大的工作,因为这种轻而易举就取得的成功对于他们的自身能力不具有挑战性,他们喜欢设定通过自身努力才能达到的奋斗目标。对他们而言,当成败可能性均等时,才是一种能从自身的奋斗中体验成功喜悦与满足的最佳机会。

2. 权利需要:影响或控制他人且不受他人控制的需要

权利需要是指影响和控制别人的一种愿望或驱动力。不同人对权利的渴望程度也有所不同,权利需要较高的人喜欢支配、影响他人,喜欢对别人发号施令,注重争取地位和影响力,他们喜欢具有竞争性和能体现较高站位和场合的情境,也会追求出色的成绩,但他们这样做并不像高成就需要的人那样是为了个人的成就感,而是为了获得地位和权利或与自己具有的权利和地位相称。权利需要是管理成功的基本要素之一。

3. 亲和需要:建立友好亲密的人际关系需要

亲和需要就是寻求被他人喜爱和接纳的一种愿望,高亲和需要者渴望友谊,喜欢合作而不是竞争的工作环境,希望彼此之间能够沟通与理解,他们对环境中的人际关系更为敏感。有时,亲和需要也表现为对失去某些亲密关系的恐惧和对人际关系的回避,亲和需要是保持社会交往和人际关系和谐的重要条件。

在大量的研究基础上,麦克利兰对成就需要与工作绩效的关系进行了十分有说服力的推断。首先,高成就需要者喜欢能独立负责、可以获得信息反馈和独立冒险的工作环境。他们会从这种环境中获得高度激励,麦克利兰发现,在小企业的经理人员和在企业中独立负责一个部门的管理者中,高成就需要者往往会取得成功。其次,在大型企业或其他组织中,高层次者不一定就是一个优秀的管理者,原因是高成就需要者往往只对自己的工作绩效感兴趣,并不关心如何影响别人去做好工作。再次,亲和需要与权力需要与管理的成功密切相关。麦克利兰发现,最优秀的管理者往往是权力需要很高而亲和需要很低的人。最后,可以对员工进行训练来激发他们的成就需要。如果某项工作要求高成就需要者,那么管理者可以通过直接选拔的方式找到一名高成就需要者,或者通过培训的方式培养自己原有下属。

麦克利兰的动机理论在企业管理中很有应用价值。首先在人员选拔和安置上,通过测量和评价一个人动机体系的特征,从而决定如何分派工作和安排职位。其次,由于具有不同需要的人需要不同的激励方式,了解员工需要与动机有利于合理建立激励机制。最后,麦克利兰认为动机是可以训练和激发的,因此可以训练和提高员工的成就动机,以提高生产效率。

二、过程型激励理论

(一) 期望理论

著名心理学家行为科学家维克托·弗鲁姆,深入研究了组织中个人的激励和结果,率先提出了形态比较完备的期望理论模式,并于1964年在其《工作与激励》一书中阐述了期望理论模式。

1. 期望理论的基本假设

对组织行为原因的四种假设构成了期望理论基础。第一,个人和环境的组合力量决定一个人的行为,仅有个人或仅有环境是不可能决定一个人行为的。人们带着各种各样的期望加入组织,如对事业、需求、激励和过去的历史期望,所有这些期望将影响他们对组织的回报。第二,人们自己在组织中的行为受到许多限制(如规章、制度、规定等),尽管如此,人们还是做出两条清醒的决定:首先,决定是否来工作,是留在原公司还是跳槽到新公司(成员决定);其次,决定他们在完成工作时付出努力的程度(效率、努力程度、同事关系等)。第三,不同的人有着不同类型的需求和目标,人们希望从他们的工作中得到不同的成果。第四,人们根据他们对一个假设的行为将导致希望获得成果的程度,在变化的情况中来做出他们的决定,人们倾向做他们认为将导致希望回报的事情,而避免做他们认为将导致他们所不希望后果的事情。

2. 期望理论的基本内容

期望理论是研究需要与目标之间的规律的一种理论,弗鲁姆认为:"人类渴求满足一定的需要和达到一定的目的,对一个人来说,调动他的工作积极性的动力有多大,即激励力量有多大,取决于期望值与效价的乘积。"

$$M = V \cdot E$$

式中,M 为激励力量,指直接推动或使人们采取某一行动的内驱力。这是指调动一个人的积极性,激发出人的潜力的强度。V 为目标效价,指达成目标后对于满足个人需要的价值大小,它反映个人对某一成果或奖酬的重视与渴望程度。E 为期望值,指根据以往的经验,个人对某一行为导致特定成果的可能性或概率的估计与主观判断。

显然,只有当人们对某一行为结果的效价和期望值同时处于较高水平时,才有可能产生强大的激励力量。

3. 期望理论对实施激励的启示

弗鲁姆认为,员工选择做与不做某项工作主要基于以下三个具体因素。

1) 员工对自己做某项工作的能力的认知

如果员工相信他能够胜任某项工作,则动机就强烈;如果认为自己不能胜任某项工作,动机就不足。

2) 员工的期望

如果员工相信从事这项工作会带来期望的结果,则做这项工作的动机会很强烈。相反,员工若认为不能带来所期待的结果,则工作动机不足。

3) 员工对某种结果的偏好

如果员工渴求加薪、晋升或其他结果,则动机会很强烈。但如果员工认为这会导致一个消极的结果,如额外压力、更长的工作时间或合作者的嫉妒,那么他就不会受到激励。

根据弗鲁姆的理论,员工的动机依赖于员工认为他们是否能够达到某种结果,这种结果是否能带来预期奖赏以及员工认为此奖赏是否有价值。如果员工对这三个因素的评价都很高,则动机强度便可能很高,如果员工对某个因素不感兴趣,激励作用就会降低甚至毫无意义。这个理论告诉管理者:应该努力让员工感到他们具有完成工作任务的能力,而且要经常对他们的成绩给予有价值的奖赏。

管理者实施这种激励时需要注意以下几点:第一,管理者不要泛泛地实施一般的激励措施,而应当实施多数组织成员认为效价最大的激励措施。第二,设置某一激励目标时应尽可能加大其效价的综合值。如果每个人的奖金不仅意味着当月的收入状况,而且与年终分配、工资调级挂钩,将大大增加这种激励方式效价的综合值。第三,适当加大不同人实际所得效价的差值,加大组织希望行为与非希望行为之间的效价差值,如奖罚分明等。第四,适当控制期望概率与实际概率。

(二) 公平理论

公平理论又称社会比较理论,是美国行为科学家亚当斯在《工人关于工资不公平的内心冲突同其生产率的关系》(1962,与罗森鲍姆合写)、《工资不平等对工作质量的影响》(1964,与雅各布森合写)、《社会交换中的不公平》(1965)等著作中提出来的一种激励理论,该理论侧重于研究工资报酬分配的合理性、公平性以及对职工生产积极性的影响。

1. 公平理论的基本观点

当一个人做出了成绩并取得了报酬以后,他不仅关心自己所得报酬的绝对量,而且关心自己所得报酬的相对量。因此,他要进行种种比较来确定自己所获报酬是否合理,比较的结果将直接影响今后工作的积极性。

1) 横向比较

横向比较即员工要将自己获得的"报偿"(包括金钱、工作安排以及获得的常识等)与自己的"投入"(包括教育程度、所作努力、用于工作的时间、精力和其他无形损耗等)的比值与组织内其他人作社会比较,只有相对等时,他才认为公平,如下式所示。

$$\frac{O_p}{I_p} = \frac{O_c}{I_c}$$

式中,O_p 为自己对所获报酬的感觉;O_c 为自己对他人所获报酬的感觉;I_p 为自己对个人所作投入的感觉;I_c 为自己对他人的所作投入的感觉。

当上式为不等式时,可能出现以下两种状况。

$$\frac{O_p}{I_p} < \frac{O_c}{I_c}$$

在这种情况下,第一种办法是他可能要求增加自己的收入或减小自己今后的努力程度,以便使左方增大,趋于相等;第二种办法是他可能要求组织减少比较对象的收入或者让其今后增大努力程度以便使右方减小,趋于相等。此外,他还可能另外找人作为比较对象,以便达到心理上的平衡。

$$\frac{O_p}{I_p} > \frac{O_c}{I_c}$$

在这种情况下,他可能要求减少自己的报酬或在开始时自动多做些工作,但久而久之,他会重新估计自己的技术和工作情况,觉得他确实应当得到那么高的待遇,于是产量便又回到过去的水平了。

2）纵向比较

除了横向比较外，人们也经常做纵向比较，即把自己目前投入的努力与目前所获得报酬的比值，同自己过去投入的努力与过去所获报酬的比值进行比较。只有相等时他才认为公平，如下式所示。

$$\frac{O_p}{I_p}=\frac{O_h}{I_h}$$

式中，O_p 为自己对现在所获报酬的感觉；O_h 为自己对过去所获报酬的感觉；I_p 为自己对个人现在投入的感觉；I_h 为自己对个人过去投入的感觉。

当上式为不等式时，也可能出现以下两种情况。

$$\frac{O_p}{I_p}<\frac{O_h}{I_h}$$

当出现这种情况时，人也会有不公平的感觉，这可能导致工作积极性下降。

$$\frac{O_p}{I_p}>\frac{O_h}{I_h}$$

当出现这种情况时，人不会因此产生不公平的感觉，但也不会觉得自己多拿了报酬，从而主动多做些工作。

调查和试验的结果表明，不公平感的产生，绝大多数是由于经过比较，认为自己目前的报酬过低而产生的；但在少数情况下，也会由于经过比较认为自己的报酬过高而产生。

2. 公平理论产生的原因

由上文可知，公平理论提出的基本观点是客观存在的，但公平本身却是一个相当复杂的问题，这主要是由以下几个方面原因产生的。

第一，它与个人的主观判断有关，上面公式中无论是自己的还是他人的投入和报偿都是个人感觉，而一般人总是对自己的投入估计过高、对别人的投入估计过低。第二，它与个人所持的公平标准有关，上面的公平标准是采取贡献率，也有采取需要率、平均率的，例如，有人认为助学金改为奖学金才合理，有人认为应平均分配才公平，也有人认为按经济困难程度分配才适当。第三，它与业绩的评估有关，一般主张按绩效付报酬，并且各人之间应相对平等，但如何评定绩效，是以工作成果的数量和质量，还是按工作能力、技能、学历？不同的评定方法会得到不同的结果，最好是按工作成果的数量和质量，用明确、客观、易于核实的标准来度量，但这在实际工作中往往难以做到，有时不得不采用其他方法。第四，它与评定人有关，绩效由谁来评定，是领导者、还是群众或自我评定？不同的评定人会给出不同的结果，由于同一组织内往往不是由统一评定，因此会出现松紧不一、回避矛盾、姑息迁就、抱有成见等现象。

3. 员工面对不公平会出现的行为

改变自己的投入，减少绩效努力，以消除不公平感；改变自我认知（比如，发现自己做得比其他人努力多了）；改变用于比较的参照对象（如比上不足，比下有余）；主观上进行歪曲或改变比较方法，合理地设想不公平只是暂时的，在不久的将来将得到解决；设法改变他人的投入或产出，使他人工作不那么努力；离开工作场所（如辞职、辞换工作）。

4. 公平理论的启示及其在管理中的应用

1）公平理论的启示

(1) 影响激励效果的不仅有报酬的绝对值，还有报酬的相对值。

(2) 激励应力求公正并考虑多方面因素，避免因个人主观判断造成不公平感。

(3) 在激励过程中应注意被激励者公平心理的疏导，引导其树立正确的公平观。第一，使大家认识到绝对的公平是没有的；第二，不要盲目攀比，所谓盲目起源于纯主观的比较，多听听别人的看法，也许会客观一些；第三，不要按酬付劳是在公平问题上造成恶性循环的主要杀手。

2）公平理论在管理中的应用

(1) 管理人员应该理解，下属对报酬作出公平比较是人的天性，应了解下属对各种报酬的主观感觉。

(2) 为了使员工对报酬的分配有客观的感觉，管理人员应该让下属知道分配的标准。

(3) 要达到理想的激励作用，应在工作前便让下属知道这个标准。

(4) 管理人员应该能够预料下属可能因为感到不公平做出一些行为所导致的负面效应，这时应与下属多做沟通，在心理上减轻他们的不公平感觉。

(5) 正确诱导，改变认知，公平与不公平来源于个人的感觉，易受个人偏见的影响，人们都有一种"看人挑担不吃力"的心理，易高估自己的成绩和别人的收入，低估计别人的绩效和自己的收入，把实际合理的分配看成不合理，把原本公平的差别看成了不公平。

(6) 科学考评，合理奖励。

（三）目标设置理论

美国马里兰大学管理学兼心理学教授洛克在研究中发现，外来的刺激（如奖励、工作反馈、监督的压力）都是通过目标来影响动机的，目标能引导活动指向与目标有关的行为，使人们根据难度的大小来调整努力的程度，并影响行为的持久性，于是，在一系列科学研究的基础上，他于1967年最先提出"目标设置理论"，认为目标本身就具有积极作用，目标把人的需要转变为动机，使人们的行为朝着一定的方向努力，并将自己的行为结果与既定的目标相对照，及时进行调整和修正，从而能实现目标。这种使需要转化为动机，再由动机支配行动以达到目标的过程就是目标激励。目标激励的效果受目标本身的性质和周围变量的影响。该理论提出以后，许多学者在研究中加以发展，使之成为内容逐渐丰富和影响越来越大的新的激励理论。

1. 目标设置理论的基本模式

目标有两个基本的属性：明确度和难度。

从明确度来看，目标内容可以是模糊的，如仅告诉被试者"请你做这件事"；目标也可以明确的，如"请在10分钟内做完这25道题"。明确的目标可使人们更清楚要怎么做，付出多大的努力才能达到目标。目标设定得明确，也便于评价个体的能力。很明显，模糊的目标不利于引导个体的行为和评价他的成绩。因此，目标设定得越明确越好。事实上，明确的目标本身就有激励作用，这是因为人们有希望了解自己行为的认知倾向。对行为目的和结果的了解能减少行为的盲目性，提高行为的自我控制水平。另外,目标的明确与否对绩效的变化也有影响。也就是说,目标明确的被试者的绩效变化很小,而目标模糊的被试者绩效变化则很大,这是因为模糊目标的不确定性容易产生多种可能的结果。

从难度来看,目标可以是容易的,如20分钟内做完10个题目;中等的,20分钟内做完20个题目;难的,20分钟内做完30个题目;或者不可能完成的,如20分钟内做完100个题目。难度依赖于人和目标之间的关系,同样的目标对某人来说可能是容易的,而对另一个人来说可能是难的,这取决于他们的能力和经验。一般来说,目标的绝对难度越高,人们就越难达到。多项研究发现,绩效与目标的难度水平呈线性关系。当然,这是有前提的,前提条件就是完成任务的人有足够的能力,对目标又有高度的承诺。

在这样的条件下,任务越难,绩效越好,一般认为,绩效与目标难度水平之间存在着线性关系,是因为人们可以根据不同的任务难度来调整自己的努力程度。

当目标难度和明确度结合起来进行研究时,研究者发现人们对于明确、有挑战性的目标完成得最好;而对于模糊的、有挑战性的目标,如告诉被试者"请尽力做到做好",被试者完成的成绩呈中等水平;模糊的,没有挑战性的目标导致最低水平的成绩。

2. 目标设置理论的扩展模式

在目标设置与绩效之间还有其他一些重要的因素产生影响。这些因素包括对目标的承诺、反馈、自我效能感、任务策略、满意感等。

1) 承诺

承诺是指个体被目标所吸引,认为目标重要,持之以恒地为达到目标而努力的程度。

戈尔维策等人发现个体在最强烈地想解决一个问题的时候,最能产生对目标的承诺,然后真正解决问题。研究发现,由权威人士制定目标,或是个体参与设置目标,哪一种方式更能导致目标承诺,增加下属的绩效呢?合理制定目标(所谓合理,即目标有吸引力,也有可能达到)与参与设置的目标有着相同的激励力量,这两者都比只是简单地设置目标并且不考虑目标的合理性要更有效。

2) 反馈

目标与反馈结合在一起更能提高绩效。目标给人们指出应达到什么样的目的或者结果,同时它也是个体评价自己绩效的标准。反馈则告诉人们这些标准满足得怎么样,哪些地方做得好,哪些地方尚有待于改进。

反馈是组织里常用的激励策略和行为矫正手段。多年来,研究者们已经研究了多种类型的反馈。其中研究得最多的是能力反馈,它是由上司或同事提供的关于个体在某项活动上的绩效是否达到了特定标准的信息。能力反馈可以分为正反馈和负反馈。正反馈是指个体达到某项标准而得到的反馈,而负反馈是个体没有达到某项标准而得到的反馈。例如,研究者在研究反馈类型对创造性的影响时,给予的正反馈就是告诉被试者的反应很有创造性,而给予的负反馈则是告诉被试者创造性不强。

另外,反馈的表达有两种方式:信心方式和控制方式。信心方式的反馈不强调外界的要求和限制,仅告诉被试者任务完成得如何,这表明被试者可以控制这一次的行为和活动,因此,这种方式能加强接受者的内控感。控制方式的反馈则强调外界的要求和期望,如告诉被试者他必须达到什么样的标准和水平。它使被试者产生外控的感觉——他的行为或活动是由外人控制的。

用信息方式表达正反馈可以加强被试者的内部动机,对需要发挥创造性的任务给予被试者信息方式的正反馈,可以使被试者最好地完成任务。

3) 自我效能感

自我效能感的概念是由班杜拉提出的,目标激励的效果与个体自我效能感的关系也是目标设置理论中研究得比较多的内容。自我效能感就是个体在处理某种问题时能做得多好的一种自我判断,它是以个体全部资源的评估为基础的,包括能力、经验、训练、过去的绩效、关于任务的信息等。

当对某个任务的自我效能感强的时候,对这个目标的承诺就会提高。这是因为高的自我效能感有助于个体长期坚持某一项活动,尤其是当这种活动需要克服困难,战胜阻碍时尤为明显。

目标影响自我效能感的另一个方面是目标设定的难度。当目标太难时,个体很难达到目标,这时他的自我评价可能就比较低。而反复失败就会削弱一个人的自我效能感,目标根据其重要性可以分为中心目标和边缘目标,中心目标是很重要的目标,边缘目标就是不太重要的目标。安排被试者完成中心目标任务可以增强被试者的自我效能感。因为被试者觉得他被安排的是重要任务,这是对他能力的信任,被安排达到中心目标的被试者的自我效能感明显比只被安排边缘目标的被试者强。

4) 任务策略

目标本身就有助于个体直接实现目标。首先,目标引导活动指向与目标有关的行为,而不是与目标无关的行为。其次,目标会引导人们根据难度的大小来调整努力的程度。最后,目标会影响行为的持久性。人们在遇到挫折时也不放弃,直到实现目标。

当这些直接的方式还不能够实现目标时,就需要寻找一种有效的任务策略。尤其是当面临困难任务时,仅有努力、注意力和持久性是不够的,还需要有适当的任务策略。任务策略是指个体在面对复杂问题时使用的有效的解决方法。目标设置理论中有很多对在复杂任务中使用任务策略的研究,相对于简单任务,在复杂任务环境中有着更多可能的策略。要想完成目标任务,得到更好的绩效,选择一个良好的策略是至关重要的。研究者发现,在一个管理情景的模拟研究中,只有在使用了适宜策略的情况下,任务难度与被试者的绩效才显著相关。

何种情景、合作目标更利于形成有效策略,对此还没有明确的研究结果。前文提到,在能力允许的范围下,目标的难度越大,绩效越好。但有时人们在完成困难目标时选择的策略不佳,结果,他的绩效反而不如完成容易目标时的绩效好。对此现象的解释是,完成困难目标的被试者在面对频繁而不系统的策略变化时,表现出了一种恐慌,使他最终也没有学会完成任务的最佳策略。而完成容易目标的被试者反而会更有耐心地发展和完善他的任务策略。

5) 满意感

当个体经过种种努力终于达到目标后,如果能得到他所需要的报酬和奖赏,就会感到满意;如果没有得到预料中的奖赏,个体就会感到不满意。同时,满意感还受到另一个因素的影响,就是个体对他所得报酬是否公平的理解。如果通过与同事、朋友、自己的过去以及自己的投入相比,他感到所得的报酬是公平的,就会感到满意。反之,则会不满意。

目标的难度也会影响满意感。当任务越容易时,越易取得成功,个体就会经常体验到伴随成功而来的满意感。当目标困难时,取得成功的可能性就要小,从而个体就很少体验到满意感。这就意味着容易的目标比困难的目标能产生更多满意感。然而,达到困难的目标会产生更高的绩效,对个体、对组织有更大的价值。是让个体更满意好呢?还是取得更高的绩效好?这样就产生了矛盾,如何平衡这种矛盾,有下面一些可能的解决办法。

(1) 设置中等难度的目标。从而使个体既有一定的满意感,同时又有比较高的绩效。

(2) 当达到部分目标时也给予奖励,而不仅是在完全达到目标时才给。

(3) 目标在任何时候都是中等难度,但要不断小量地增加目标的难度。

(4) 运用多重目标奖励结构,达到的目标难度越高,得到的奖励越多。

三、行为改造型激励理论

(一) 挫折理论

1. 挫折理论的基本内容

挫折理论研究行为和目的之间的行为变化规律。当目标导向行为受到挫折时,人的心理会发生什么变化,其变化的规律是什么,这就是挫折理论研究的内容。这个理论是从心理学角度,运用心理学的概念,来研究人的需要得不到满足时也就是受到挫折时,人的心理状态及其行为。所以,了解挫折及挫折产生的原因,挫折的表现以及应对挫折的方法,有助于做好人的管理工作,激发他们工作、生产的积极性。

挫折是一种情绪状态、主观感受,这种主观感受是在人们所追求的目标无法实现、需要的动机得不到满足的情况下产生的。个人的心理发展层次、认识问题的方法、成功的标准是不同的,对挫折的感受也不同。

如果人们在通向目标的道路上遇到了障碍,那么就会产生以下三种情况。

第一种情况:改变行为,绕过路障,达到目的。

第二种情况:如果障碍不可逾越,可以改变目标,从而改变行为的方向。

第三种情况:在障碍面前无路可走,不能达到目标,正是在这种情况下,人们才会产生挫败感。

小知识

开普勒的故事

德国天文学家开普勒是7个月的早产儿,从童年开始便多灾多难,4岁时,天花在他脸上留下疤痕,猩红热使他的眼睛受挫。但他凭着顽强的意志发奋读书,于是他边自学学校里讲授的知识边研究天文学。之后,他又经历了多病、良师和妻子去世等一连串的打击,但他仍未停下对天文学的研究,终于在年近60岁时发现了天体运行的三大定律。开普勒把一切不幸都化作推动自己前进的动力,以惊人的毅力摘取了科学的桂冠,成为"天空的立法者"。

2. 挫折产生的原因

1) 客观因素

导致挫折产生的客观因素主要指环境方面的因素,这些因素常常是个人意志或能力不能左右的。

(1) 自然环境因素。由于个人能力无法克服的自然因素的限制,而导致个人动机不能满足,行为受到阻碍,目标不能实现,如天灾人祸使人们生命受到威胁而无法逃避等。

(2) 社会环境因素。由于个人在社会生活中所遭受的政治、经济、道德、宗教、生活方式、人际关系、风俗习惯等人为因素的限制,使人的动机与目标的满足和实现只能局限在一个有限的范围内,而造成挫折的情境,如由于种族差异而受到歧视等。

2) 主观因素

导致挫折产生的主观因素主要是指由于个体自身条件的限制阻碍了目标的实现。

(1) 个人条件因素,主要是指个人具有的智力、能力、容貌、身材以及生理上的缺陷、疾病所带来的限制,如一个身材矮小的人很难成为一个优秀的篮球运动员。

(2) 个人思想认识因素,主要是指认识能力或思维方法等。

(3) 动机冲突因素,主要是指个人在日常生活中,两个或两个以上的动机同时并存而又无法同时获得满足,因此互相排斥或对立,当其中一个动机获得满足,其他动机受到阻碍时所产生的难以抉择的心理状态就是动机冲突。

3. 挫折理论在管理中的应用

1) 领导要善于采取容忍的态度

遇到攻击时,不要针锋相对,否则只能激化矛盾。正确的处理方法是将受挫折看成是需要帮助的人,对其攻击行为采取容忍的态度,在和谐的气氛中疏导并妥善解决矛盾。当然,这一点并不容易做到,可是古话说得好,"宰相肚里好撑船",要有容人之心才能成为一个出色的管理者。宽容的态度并不等于不分是非、一味迁就,与此相反,唯有帮助受挫者提高了认识、分清了是非,才能使其战胜挫折。

2) 改变受挫者的环境

改变环境的方式主要有两种:一种是调离原来的工作岗位或居住地点;另一种是改变环境的心理气氛,给受挫者以广泛的同情和温暖。

3) 做好心理知识的普及

克服受挫心理的关键在于提高员工的心理健康水平。因此,管理者应该向广大员工普及心理学知识,帮助职工学会维护自身的心理健康。

4) 采用"精神宣泄疗法"

精神宣泄疗法是一种心理治疗的方法,主要是创造一种环境,让受挫者被压抑的情感自由、顺畅地表达出来。人在受挫以后,其心理会失去平衡,常常以紧张的情绪反应代替理智的行为。这时唯有让紧张情绪发泄出来,才能恢复理智状态,达到心理平衡。从这个意义上讲,管理者应该倾听员工的抱怨、牢骚等,让他们把不满情绪发泄出来,待发泄以后自会心平气和。

（二）强化理论

1. 强化理论的基本内容

强化理论是由美国的心理学家和行为学家斯金纳提出的，又称"行为修正理论"。

斯金纳认为人们做出某种行为或不做出某种行为，只取决一个影响因素，那就是行为的后果。他提出了一种"操作条件反射"理论，认为人或动物为了达到某种目的，会采取一定的行为作用于环境。当他尝试一种行为给自己带来有利的结果时，该行为就可能重复发生；如果给自己带来不利的结果，该行为就会停止。这样，管理者就可以通过控制员工在组织环境中的行为结果，来影响、控制员工的行为。

2. 强化类型

1）正强化

正强化是运用刺激因素，使人的某种行为得到巩固和加强，使之再发生的可能性增大的一种行为改造方式。

2）负强化

负强化是预先告知某种不符合要求的行为或不良绩效可能引起的后果，允许员工通过按所要求的方式形成或避免不符合要求的行为来回避一种令人不愉快的处境。因此，负强化与正强化的目的是一致的，但两者所采取的手段不同。

3）自然消退

自然消退是指通过对当事人行为的反馈来制止某种不良行为修正方式。如开会时不希望员工提出无关紧要的问题，当员工举手要求发言时，无视他们的表现，举手行为就会自动消失。

小知识

皮格马利翁效应

美国心理学家罗森塔尔考查某校，随意从每班抽3名学生共18人写在一张表格上，交给校长，极为认真地说："这18名学生经过科学测定全都是智商型人才。"事过半年，罗森又来到该校，发现这18名学生的确超过一般，长进很大，再后来这18人全都在不同的岗位上干出了非凡的成绩。这一效应就是期望心理中的共鸣现象。

运用到管理中，就要求领导对下属要投入感情、希望和特别的诱导，使下属得以发挥自身的主动性、积极性和创造性。如领导在交办某一项任务时，不妨对下属说："我相信你一定能办好""你是会有办法的"，这样下属就会朝期待的方向发展，人才也就在期待之中得以产生。

资料来源：罗森塔尔，雅各布森.课堂中的皮格马利翁：教师期望与学生智力发展[M].唐晓杰，崔允漷，译.北京：人民教育出版社，2003.

---

3. 强化理论的应用

在管理中，可以采取正强化或负强化的改造方式对员工的行为进行影响。如果员工的行为与组织目标一致，那么就给予正强化，如提薪、发奖金等，以及非经济方面的激励，如晋升、表扬、进修等。如果员工的行为与组织目标不一致，那么就进行负强化，如减薪、扣奖金或处以罚款,以及非经济方面的激励,如批评、处分、降级、撤职或免除其他可能得到的好处等,如果员工行为与组织目标无关,则对其采取忽视的办法,不予理睬。

在管理中一般运用四种强化策略。

1) 奖励

奖励即正强化,用认可、赞赏、加薪、奖金、晋升,或者创造令员工满意的工作环境这些令人喜爱和得到满足的刺激,增强员工的良好行为。

2) 回避

回避是指预先告知某种不符合要求的行为或不良绩效可能引起的令人讨厌的后果,使员工按要求行事,或者为了回避令人不愉快的后果、避免不符合要求的行为发生。

3) 消退

消退是对员工的某种行为不做反馈,以表示对此行为的轻视,而逐渐使这种行为消失。

4) 惩罚

惩罚是指施加威胁性和令人生厌的刺激,以消除员工的某些行为。例如,批评、罚款、降薪、降职、开除等手段,就是对某些不符合要求的行为的否定并使这种行为不再发生。

4. 实施强化时应注意的问题

第一,必须针对行为结果给予行为当事人及时、明确的信息反馈。一方面,强化必须是及时的,对一般人来说,当他采取某种行为并产生一定后果时,首先要做的事情往往就是评价自己行为的结果,所以必须给予及时的信息反馈;另一方面,反馈给行为当事人的信息一定要明确,而不能模糊不清。行为当事人对来自外界的强化力量很重视,并能在今后的行为过程中体现出这些强化能力的作用,所以必须给予明确性的信息,否则容易给当事人带来某种错误的认识,产生不良的后果。

第二,细化的时间选择或安排十分重要。斯金纳通过调查发现,间接性的强化比经常性的强化更加有效。

第三,正强化和负强化的作用不仅表现在对行为发生频率的调整差异上,还表现为激励效果的明显不同。一般来说,正强化比负强化的激励效果要好得多,应尽量少用负强化。这是因为正强化可以给人一种满意和愉快的情绪,能给人带来更多的激励信息,相反,负强化给予人们的是不愉快的刺激,而人们对不愉快的刺激往往天生就具有一种抵制情绪。负强化有其不足,但这并不是说在激励过程中就不能使用负强化了,只要注重运用方式,负强化仍然是一种有效的激励措施。美国女企业家玛丽·凯在《掌握人性的原理》一书中反复强调"赞美使人成功"。她建议说,即使批评他人也应像三明治一样,把批评夹在两层赞美之间,或者像中国人对待不愿意吃药的病人那样在药里加糖,或者把药放在饭里,这样病人就易于接受了。

四、激励的基本过程

激励过程是一个由需要开始,到需要得到满足为止的连锁反应。当人产生需要而未得到满足时,会产生一种紧张不安的心理状态,在遇到能

微课:激励的过程

够满足需要的目标时,这种紧张不安的心理就转化为动机,并在动机的驱动下向目标努力,目标达到了,需求满足了,激励过程也就完成了。

人们的需求是不断变化和提高的。当某种需求或低一级需求满足了,激励就消失了,未满足的另一种或高一级的需求又会产生,从而导致新需求所驱使的行为,并为满足这种新需求而努力。这样就形成了一个连续不断的循环的激励过程。得不到满足的需求是激励的起点,它引起个人内心(生理上或心理上)的激励力,导致个人从事满足需求的某种行为(寻求某种办法),从而缓和激奋心理。激励的基本过程如图 8-1 所示。

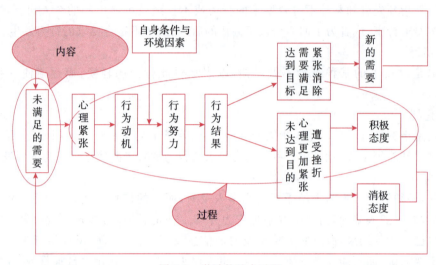

图 8-1　激励的基本过程

任务演练

激励过程分析如表 8-3 所示。

表 8-3　激励过程分析

任务编号:8-2	建议学时:4 课时
实训地点:校内专业实训室	小组成员姓名:

一、任务描述
1. 演练任务:某优秀企业成功激励案例过程分析;
2. 演练目的:分析企业激励过程;
3. 演练内容:分析企业成功激励案例的过程,写出激励过程用到的理论及其具体工作原理(不少于 500 字)。

二、相关资源
1. 以"××企业员工激励过程"为关键词查询相关网络资料;
2. 进入中国人力资源开发网,查找××企业员工激励过程

三、任务实施
1. 完成分组,4～6 人为一小组,选出组长;
2. 围绕××企业员工激励过程这一主题,查询资料,进行整理和分析,提交任务单;
3. 小组撰写 PPT,选出代表进行汇报

续表

四、任务成果
（此处填写点评稿）
（一）案例简介

（二）案例关键点

（三）过程点评

（四）总结

五、任务执行评价

任务评分标准

序号	考核指标	所占分值	备注	得分
1	完成情况	10	在规定时间内完成并按时上交	
2	内容	50	内容丰满、图文并茂、PPT精美	
3	点评质量	40	准确分析其激励的过程，匹配合理的激励理论，有自己的观点	
			总　分	

指导教师：

日期：　年　月　日

扫码下载任务单

活页笔记

学习过程

重、难点记录

学习体会与收获

模块九 综合实训与练习

任务一 综合实训

人力资源管理与规划基础知识

一、实训内容

以学习小组为单位,选择一个具体的公司或组织,运用数据分析、趋势预测等方法,进行人力资源需求和供给的分析,以此编写一个人力资源规划报告。报告内容包括该公司或组织未来几年的员工需求量、员工流失率、人员能力结构等方面的分析,并提出相应的人力资源策略和措施。

二、方法步骤

(1) 学生分为若干个小组,每个小组选择一个公司或组织作为研究对象,收集相关的人力资源数据和资料。

(2) 运用各种数据分析和人力资源规划方法,分析该公司或组织未来的人力资源需求和供给情况,撰写人力资源规划报告。

(3) 每个小组派出一名代表在课堂上进行报告,介绍其研究对象、分析方法和结论。

三、实训考核

(1) 人力资源规划报告的内容完整性和合理性。

(2) 报告的清晰度和逻辑性。

(3) 小组代表在课堂上的表现和对问题的回答能力。

工作分析

一、实训内容

以学习小组为单位,以某公司某一岗位为对象,运用观察法和访谈法对其工作进行分析,编写该岗位的工作说明书。说明小组内各成员分工情况和完成作业的过程,并附观察和访谈提纲。

二、方法步骤

(1) 五人为一个小组,对某一岗位的工作特点进行分析。
(2) 以小组为单位撰写某岗位的工作说明书。
(3) 每个小组派出一名代表在课堂上交流、讨论。

三、实训考核

(1) 对某岗位的工作说明书按要求给予成绩认定。
(2) 对讨论交流的成果给予点评。

员工招聘

一、实训内容

完成一次招聘模拟。
(1) 制作招聘广告。
(2) 安排招聘流程。
(3) 现场面试招聘。

二、方法步骤

(1) 分组分工:学生分组组成实训团队,进行团队角色分工,分别模拟公司招聘官和应聘人员。

(2) 布置任务:准备企业简介、招聘广告、招聘岗位的工作说明书、招聘表格等;要求应聘者准备中文简历等应聘资料。

(3) 发布信息:由实训团队代表进行招聘宣传,介绍企业,发布招聘信息,进行简历筛选,实施现场招聘。

(4) 现场招聘:第一阶段,各组分为两部分,一部分同学扮演招聘人员,搭台进行招聘,另一部分同学应聘;第二阶段,角色互换,之前应聘的同学扮演招聘人员,原来负责招聘的改为应聘。要求各组主考官精心组织,做好招聘记录,应聘同学认真填写招聘表格,完成应聘。

(5) 宣布结果:各招聘小组综合两个阶段的现场招聘情况,进行充分讨论,确定录用人员。

(6) 总结分析:各组同学对招聘模拟总结分析,派一名小组成员总结发言,并提交招聘材料。

三、方法点拨:招聘广告撰写

招聘广告是企业招聘员工的重要工具之一。广告设计得好坏,直接影响应聘者的素质和企业的竞争能力。

1. 招聘广告的编写原则

（1）真实。真实是招聘广告编写的首要原则。招聘广告的编写必须保证内容客观、真实，对广告中涉及的录用人员的劳动合同、薪酬、福利等政策必须兑现。

（2）合法。广告中出现的信息要符合国家和地方的法律法规及政策。

（3）简洁。广告的编写要简洁明了，重点突出招聘岗位名称、任职资格、工作职责、工作地点、薪资水平、社会保障、福利待遇、联系方式等内容。对公司的介绍要简明扼要，不喧宾夺主。

2. 招聘广告的内容

不同媒介使用的广告形式有所不同，但广告的内容基本相似。招聘广告的内容包括以下几方面。

（1）广告题目，一般是"公司招聘""高薪诚聘"等。

（2）公司简介，包括公司的全称、性质、主营业务等，文字要简明扼要。

（3）招聘岗位，包括岗位名称、任职资格、工作职责、工作地点等内容。

（4）人事政策，包括公司的薪酬政策、社会保障政策、福利政策、培训政策等内容。

（5）联系方式，包括公司地址、联系电话、传真、网址、电子邮箱、联系人等内容。

四、实训考核

实训考核分为小组考核和个人考核，采取百分制，其中小组考核成绩占60%，个人考核成绩占40%，按照考核标准进行成绩认定并给予点评。

员工培训

一、实训内容

以学习小组为单位选择某公司某一部门为对象，选择适合该部门员工的培训方法，并进行分析，思考并制定出该部门的培训方案。请说明小组内各成员分工情况和完成作业的过程（参考部门：采购部、技术部、产品开发部、销售部、市场部等）。

二、方法步骤

（1）4～6人为一个小组，对某公司某一部门的培训方案进行分析。

（2）每个小组派一名代表在课堂上交流、讨论。

三、方法点拨

1. 培训需求分析的实施程序

做好培训前期的工作—制订培训需求调查计划—实施培训需求调查工作。

2. 培训计划的制订

培训计划是企业培训组织管理的实施规程，要使培训计划顺利实施，培训计划就必须具备以下几个内容。

（1）目的：即从企业整体的宏观管理上对培训计划要解决的问题或者要达到的目标进行表述。

（2）原则：即制订和实施计划的规则。

（3）培训需求：即在企业运营和管理过程中，什么地方和现实需要存在差距、需要弥补之处。

（4）培训的目的或目标：即培训计划中的培训项目需要达到一个什么样的培训目的、目标或结果。

（5）培训对象：即培训项目是对什么人或者什么岗位的任职人员进行的，这些人员的学历、经验、技能状况如何。

（6）培训内容：即每个培训项目的内容是什么。

（7）培训时间：包括三个方面的内容，首先，培训计划的执行期或者有效期；其次，培训计划中每一个培训项目的实施时间或培训时间；最后，培训计划中每一个培训项目的培训周期或课时。

（8）培训地点：包括两个方面的内容，一是每个培训项目的实施地点；二是实施每个培训项目时的集合地点或者召集地点。

（9）培训形式和方式：即培训计划中的每个培训项目所采用的培训形式和培训方式。例如，是外派培训还是内部组织培训；是外聘教师培训还是内部人员担任培训讲师；是半脱产培训、脱产培训还是业余培训等。

（10）培训教师：培训计划中每个培训项目的培训教师由谁来担任，是内聘还是外聘。

（11）培训组织人：包括两个方面的人员，即培训计划的执行人或者实施人；培训计划中每一个培训项目的执行人或者责任人。

（12）考评方式：每一个培训项目实施后，对受训人员的考评方式，分为笔试、面试、操作三种方式。笔试又分为开卷和闭卷，笔试和面试的试题类型又分为开放式试题或者封闭式试题。

（13）计划变更或者调整方式：指计划变更或者调整的程序及权限范围。

（14）培训费用预算：分为两个部分，一部分是整体计划的执行费用；另一部分是每一个培训项目的执行或者实施费用。

（15）签发人：本培训计划的审批人或者签发人。

培训计划可以像上述内容那样详细，也可以只制订一个原则和培训方向，在每个培训项目实施前再制订详细的实施计划。

四、实训考核

（1）对某部门的培训方案设计按要求给予成绩认定。

（2）对讨论交流的成果给予点评。

职业生涯管理

一、实训内容：个人职业生涯规划与设计

（1）个人职业生涯规划的步骤。

（2）职业生涯目标的确定。

（3）职业生涯规划书的主要内容与基本格式。

二、方法步骤

（1）聆听实训指导教师阐述实训内容。

(2) 学生作出个体决策,各小组讨论协作下完成。
(3) 撰写个人职业生涯规划设计书并进行汇报展示。

三、方法点拨

1. 制订个人职业计划的原则

(1) 实事求是:准确地认识自己,并能客观地自我评价。
(2) 切实可行:个人的职业目标一定要同自己的知识、能力、个人特质及工作适应性相符合。同时,个人职业目标和职业道路的确定,要考虑到客观环境和条件。
(3) 个人职业计划要与组织目标协调一致:员工应积极主动与组织沟通,获得组织的帮助和支持,以此来制订适合自己个人的职业计划。
(4) 在动态变化中制订和修正个人职业计划:随着时间的推移,员工本人的知识、经验、技能、态度等情况及外部环境条件都会发生变化,这就要求员工及时调整自己的个人职业计划,修正和调整计划中一些不断变化的内容。

2. 职业计划设计

职业计划设计是员工对自己一生职业发展的总体计划和总体轮廓的勾画,它为个人一生的职业发展指明了路径和方向。在设计职业计划中一般应考虑以下因素:个人自我评价、职业发展机会评估、职业选择、设定职业生涯目标、职业生涯路线的选择、制订行动计划与措施、评估与调整。

四、实训考核

职业生涯规划书的制作及展示,小组互评及教师点评。

绩效管理

一、实训内容

以学习小组为单位选择企业某一岗位为对象,运用观察法和访谈法分析某岗位的绩效考评的内容、方法以及其绩效考评的流程,并分析其绩效考评可能存在的问题和防范对策。请说明小组内各成员分工情况和完成作业的过程,并附观察和访谈提纲。

二、方法步骤

(1) 5人组成一个小组,对本校某一岗位的绩效考核进行分析。
(2) 以小组为单位撰写某岗位的绩效考核内容和流程。
(3) 每个小组派一名代表在课堂上交流、讨论。

三、实训考核

(1) 对某岗位的绩效考核内容和流程按要求给予成绩认定。
(2) 对讨论交流的成果给予点评。

薪酬管理

一、实训内容

以学习小组为单位选择企业某一岗位为对象,运用观察法和访谈法对其薪酬进行分析,试分析如何对其进行薪酬体系设计,请说明小组内各成员分工情况和完成作业的过程,并附访谈提纲。

二、方法步骤

(1) 5人组成一个小组,对某一岗位的薪酬进行分析。

(2) 每个小组派一名代表在课堂上交流、讨论。

三、方法点拨

1. 普通管理人员的薪酬设计按照结构工资制的思路设计

结构工资制是依据工资的各种职能,将工资分解为几个组成部分,分别确定工资额,其各个组成部分均有其质和量的规定性,各有其特点和作用。结构工资的基本构成内容如下:

$$工资 = 基本工资 + 工龄工资 + 学历工资 + 岗位工资 + 绩效工资$$

2. 业务人员及其他人员的薪酬设计

(1) 固定工资制。即对业务人员的薪酬实行固定的支付方式。这种方式为业务人员提供了收入保障,但无法发挥有力的激励作用,干好干坏都一样,调动不起业务人员的积极性。

(2) 纯佣金制。即完全以业绩作为计酬的标准,如用销售量、销售额或利润等可量化指标进行衡量,业绩好的薪酬高,业绩差的薪酬低,有较强的激励作用,从管理的角度来看,也简便易行。但是,这种方式很难给予业务人员一定的生活保障,收入不稳定、风险大。

(3) 混合制。即前面两种方法的综合,业务人员的薪酬收入为

$$工资 = 基本工资(固定部分) + 业务提成(变动部分)$$

3. 其他人员的薪酬

(1) 一般人员的薪酬。一般人员或称服务性人员,包括司机、门卫、保安、前台等。由于服务性人员工作的重要性相对小,故对他们的工资可按市场价格来定,不进行分类定级。

(2) 不可替代人员的薪酬。所谓不可替代人员是指就本企业而言,在技术、管理能力等方面具有独占性,不能为他人所取代的员工。其判别依据可以是:在技术上的专有性、特殊性;管理能力的突出性;某一行当的专才。不可替代人员的薪酬应参考同类人员的市场价值,以略高于市场价值为宜。

四、实训考核

(1) 对某岗位的薪酬体系设计按要求给予成绩认定。

(2) 对讨论交流的成果给予点评。

员工激励

一、实训内容

调查某企业内部激励措施,并运用所学知识进行分析。

二、方法步骤

(1) 根据班级人数分成若干小组,组织探讨与分析诊断。

(2) 收集企业对员工的激励措施和制度。

(3) 思考企业内部在实施这些制度时所引发的一系列问题。

三、方法点拨

1. 激励的类型

1) 按激励的内容分为物质激励和精神激励

物质激励主要是针对人的生理要求进行的。精神激励主要是针对人的"向上"心理进行的,这是人类社会进化的内在动力。

2) 按激励的性质分为正激励与负激励

正激励是继续强化人的行为的激励。负激励是抑制甚至制止某种行为的激励。激励的手段既可以是物质的,如降低工资级别、罚款等;也可以是精神方面的,如批评、通报、记过等,一般以精神方面的手段为主,即使是采取物质方面的手段,也要结合精神方面的手段。

3) 按激励的形式分为内滋激励和外附激励

内滋激励是指在管理过程中,通过引导组织成员的内发性欲求,鼓励其工作行为动机的过程。外附激励是指借助外在刺激后达到激发组织成员的工作行为动机的过程。

4) 按激励的效用时间分为短效激励与长效激励

物质方面的激励起作用的时间较短,精神方面的激励起作用的时间较长。这是因为精神方面的激励是和提高人的素质相结合的。

2. 激励的基本原则

1) 目标结合原则

目标结合的原则是指激励目标与组织目标相结合的原则。

2) 物质激励和精神激励相结合原则

物质激励是基础,精神激励是根本。将这两种激励方式结合起来,在两者结合的基础上,逐步过渡到以精神激励为主的激励方式。

3) 合理性原则

激励的合理性原则包括两层含义:其一,激励的措施要适度。要根据所实现的目标本身的价值大小确定适当的激励量。其二,奖惩要公平。努力满足激励对象的公平要求,对激励对象的分配、晋级、奖励、使用等方面,要努力做到公正合理。

四、实训考核

每个学生写一份企业激励措施的简要分析报告并相互交流。

任务二 练 习 题

人力资源管理与规划基础知识

一、名词解释

人力资源 人力资源管理 人力资源规划

二、单项选择题

1. 人力资源的特征不包括（　　）。
   A. 开发对象的能动性　　　　　　B. 生产过程的时代性
   C. 使用过程的时效性　　　　　　D. 开发过程的停滞性

2. （　　）是一门科学，它具有的特点有：是一门综合性的科学；是一门实践性很强的科学；是具有社会性的科学；是具有发展性的科学。
   A. 人力资源管理　　　　　　　　B. 资源
   C. 人力资源　　　　　　　　　　D. 人力资源规划

3. 人力资源管理的基本职能中（　　）是指人力资源管理根据组织目标确定的所需人员条件，通过规划、招聘、考试、测评、选拔，获取组织所需的人力资源。
   A. 整合　　　B. 获取　　　C. 激励　　　D. 调控

4. （　　）是指组织为了实现战略发展目标，根据组织目前的人力资源状况对组织人力资源的需求和供给状况进行合理的分析和预测，并据此制订出相应的计划和方案，确保组织在适当的时间能够获得适当的人员，实现组织人力资源的最佳配置，从而满足组织与个人的发展需要。
   A. 员工招聘　　　B. 资源　　　C. 人力资源　　　D. 人力资源规划

5. （　　）是指组织的人力资源管理部门根据组织的战略目标、组织结构、工作任务，综合各种因素的影响，对组织未来某一时期所需的人力资源数量、质量和结构进行估算的活动。
   A. 人力资源需求预测　　　　　　B. 资源供给
   C. 人力资源　　　　　　　　　　D. 规划

三、简答题

1. 简述人力资源管理的目标。
2. 简述人力资源管理的意义。
3. 人力资源规划包括哪些方面的含义？
4. 简述人力资源规划的作用。
5. 人力资源需求预测的方法有哪些？
6. 人力资源供给预测的方法有哪些？

四、案例分析

某公司是一家快速发展的互联网企业，目前有100名员工，其中包括技术人员、市场营销人员和行政人员。根据公司的业务计划，预计未来一年内公司将扩大规模，需要新增50名员工，主要是技术人员和市场营销人员。同时，公司还将进行一次内部晋升和离职调整，预计有10%的员工将晋升至高级岗位，5%的员工会离职。

（1）在考虑新增员工需求时，公司应如何根据现有员工的晋升和离职情况，预测未来一年员工供给量以及对各个岗位的需求量？

（2）在未来一年的员工招聘中，公司在招聘技术人员和市场营销人员时应该注意哪些方面，以保证新员工的素质和能力能够与公司发展需求相匹配？

工作分析

一、名词解释

工作要素　问卷调查法　非正式组织　岗位分析　工作规范

二、单项选择题

1. 工作分析最初产生于（　　）的工业企业中。
   A. 英国　　　　B. 德国　　　　C. 美国　　　　D. 日本
2. （　　）适用于确定有关工作职责、工作内容、工作关系、劳动速度等方面的信息；适用范围局限于周期较短、状态稳定、复杂琐碎的工作。
   A. 工作日志法　　　　　　　　B. 职位分析问卷法
   C. 管理职位描述问卷法　　　　D. 职能工作分析法
3. 在编写（　　）时要遵循经常性和重要性原则。
   A. 工作说明　　B. 工作概要　　C. 工作描述　　D. 工作关系
4. （　　）是指为了有效地达到组织目标并满足个人需要而进行的工作内容、工作职能和工作关系的设计。
   A. 工作评价　　B. 工作设计　　C. 工作分析　　D. 岗位分析
5. 资料分析法的优点主要是（　　）。（此题为多选题）
   A. 灵活性高　　B. 成本较低　　C. 工作效率较高
   D. 资料全面　　E. 能为进一步工作分析提供基础资料和信息

三、简答题

1. 简述工作分析的流程。
2. 简述工作分析的内容。
3. 工作分析分为几个阶段？各阶段的任务是什么？
4. 访谈法的含义是什么？
5. 编写工作说明书应遵循哪些原则？
6. 简述企业进行工作分析的时机。
7. 编写一份秘书人员的工作岗位说明书。

四、案例分析

张明是国企某公司的人事主管，在逐步认识到实行规范化、现代化人力资源管理的重要性后，她决定在企业内开展岗位规范工作，进行工作岗位分析，编制全公司职工的工作说明书，以求为公司人力资源管理的各环节打下一个良好基础。另外，作为国企的人事主管，她此举还有一个最直接的目的，就是想以此淘汰掉一大批不合格的人员：谁不能达到工作说明书的要求，就老老实实地下岗。但这项工作该如何进行呢？张明先联系了几家人事咨询公司，但几次电话后，她觉得这些咨询公司的要价是公司领导无法接受的。自己做呢？人事部算上张明只有3个人，并且她们都没有专业学历。张明该如何做呢？

（1）你是否同意张明的做法？
（2）如果同意，请你帮张明设计工作岗位分析的步骤和程序。

员工招聘

一、名词解释

内部招聘　无领导小组讨论　招聘评估

二、单项选择题

1. （　　）的优点是对候选人的了解比较准确。
   A. 校园招聘　　　B. 中介　　　C. 猎头公司　　　D. 内部员工推荐
2. （　　）可以是漫谈式的,面试考官与应聘者随意交谈。
   A. 初步面试　　　B. 结构化面试　　　C. 诊断面试　　　D. 非结构化面试
3. （　　）评估是指对招聘中的费用进行调查、核实,并对照预算进行评价的过程。
   A. 招聘预算　　　B. 招聘管理成本　　　C. 招聘费用　　　D. 招聘成本效益

三、简答题

1. 什么是招聘？招聘的目标是什么？
2. 招聘工作的具体流程是什么？
3. 招聘的主要渠道有哪些？试比较它们的优缺点及适用情况。

四、案例分析

公司销售部需要招聘两名销售助理,已经入司三个多月的招聘主管很快按照公司招聘流程,完成了职位发布、简历收集、人员初试、部门复试、录用报批工作。从发布职位广告到确定人员录用,只有一周时间,面试五人录取两人,可谓效率很高。另外,公司给出的工资标准略高于她们期望,两名销售助理也按照公司要求,完成了录用前体检和入职手续办理,并顺利上岗。招聘主管为此还颇为得意,告诉自己的上司说:"销售助理实在是太好招聘了。"

一切看起来都非常圆满,甚至顺利得出人意料。可在顺利的背后,一些问题慢慢显露出来。两名销售助理入职后,上司在不同场合和她们打过照面,均发现面无表情居多,基本的招呼问候都很少,丝毫感觉不出这是刚刚加入公司的新人,让人担心他们是否缺乏应有的工作热情。上司和招聘主管私下谈过这些感受,并希望两名新员工只是性格和不熟悉等原因,才会出现这种情况,工作业务上能够完全胜任岗位要求。

试用到了第二周,销售部负责人忽然告诉人力资源部,两名新人都不太合适,请重新招聘。问及具体原因,告诉是两人工作不主动、不积极,无法融入团队中,而且公司高层也有此感觉;另外完成工作后,不汇报、无沟通,不知道主动帮助同事。至此,原有的担心变成了现实,两人离职已成定局,一次超乎寻常的顺利招聘变成了极其失败的招聘。

思考:

(1) 公司此次招聘失败的原因是什么？应由谁来承担主要责任？
(2) 公司招聘过程中有哪些做法不符合科学的招聘管理的要求。
(3) 请根据公司的实际情况和职位要求,设计一套招聘方案。

员工培训

一、名词解释

培训需求分析　重点团队分析法　虚拟培训　投资回报率　情感成果

二、单项选择题

1. （　　）对企业培训工作起全局性的指导和控制作用。
   A. 管理性培训规划　　　　　　B. 战略性培训规划
   C. 培训课程规划　　　　　　　D. 培训需求分析
2. 现代培训按其性质分为五个层次，依次为（　　）。
   A. 知识培训、技能培训、观念培训、思维培训、心理培训
   B. 知识培训、技能培训、思维培训、观念培训、心理培训
   C. 知识培训、思维培训、技能培训、观念培训、心理培训
   D. 技能培训、知识培训、思维培训、观念培训、心理培训
3. （　　）是制订好培训计划的基本问题。
   A. 培训课程设计　　　　　　　B. 课程目标
   C. 课程评价　　　　　　　　　D. 课程模式
4. 培训后的评估内容不包括（　　）。
   A. 目标达成情况　　　　　　　B. 培训环境
   C. 培训主管工作绩效　　　　　D. 培训效果效益

三、简答题

1. 什么是员工培训？为什么要进行员工培训？
2. 简述员工培训的目的和原则。
3. 培训的实施过程中应考虑和注意哪些事项？
4. 员工培训有哪些主要方法？
5. 培训效果可从哪些方面进行评估？

四、案例分析

RB 制造公司是一家位于华中某省的皮鞋制造公司，拥有近 400 名工人。大约在一年前，公司因产品有过多的缺陷而失去了两个较大的客户。RB 公司领导研究了这个问题之后，一致认为公司的基本工程技术方面还是很可靠的，问题出在生产线上的工人、质量检查员以及管理部门的疏忽大意、缺乏质量管理意识。于是公司决定通过开设一套质量管理课程来解决这个问题。

质量管理课程的授课时间被安排在工作时间之后，每周五晚上 7:00—9:00，历时 10 周，公司不付给来听课的员工额外的薪水，员工可以自愿听课，但是公司的主管表示，如果一名员工积极地参加培训，那么这个事实将被记录到他的个人档案里，以后在涉及加薪或提职时，公司将予以考虑。

课程由质量监控部门的李工程师主讲。主要包括各种讲座，有时还会放映有关质量管理的纪录片，并进行一些专题讲座，内容包括质量管理的必要性、影响质量的客观条件、

质量检验标准、检查的程序和方法、抽样检查以及程序控制等。公司所有对此感兴趣的员工，包括监管人员，都可以去听课。

课程刚开始时，听课人数平均为 60 人左右。在课程快要结束时，听课人数已经下降到 30 人左右。而且因为课程是安排在周五的晚上，所以听课的人员都显得心不在焉，有一部分离家远的人员课听到一半就提前回家了。

在总结这一课程培训的时候，人力资源部经理评论说："李工程师的课讲得不错，内容充实，知识系统，而且他很幽默，使得培训引人入胜。听课人数的减少并不是他的过错。"

思考：
（1）您认为这次培训在组织和管理上有哪些不合理的地方？
（2）如果您是 RB 公司的人力资源部经理，您会怎样安排这个培训项目？

职业生涯管理

一、名词解释

职业生涯管理　职业锚

二、单项选择题

1. 通常将人的职业生涯分为五个主要阶段，其中（　　）是人们将认真地探索各种可能的职业选择。

　　A. 成长阶段　　B. 探索阶段　　C. 确立阶段　　D. 维持阶段

2. 目前大家共识的有五种不同的职业生涯成功方向，当中（　　）使其达到集团和系统的最高地位。

　　A. 进取型　　B. 安全型　　C. 自由型　　D. 攀登型

3. 具有（　　）的人会被吸引从事包含着体力活动并且需要一定技巧、力量和协调的职业，如采矿工人、运动员等。

　　A. 常规趋向　　B. 社会趋向　　C. 调研趋向　　D. 实际趋向

三、简答题

1. 什么是职业生涯？什么是职业规划？
2. 简述帕森斯、霍兰德的职业选择理论。
3. 试述职业生涯发展的不同阶段？
4. 员工如何制订个人职业计划？
5. 如何从组织角度对员工进行职业管理？

四、案例分析

HP 公司员工职业发展的自我管理

HP 是世界知名的高科技大型企业，它独特而又有效的管理模式为世人所称道。该公司集聚了大量的素质优秀、训练良好的技术人才，是最宝贵的财富，是其发展与竞争力的主要源泉。HP 能吸引来、保留住和激励起这些高级人才，不仅靠丰厚的物质待遇，更重要的是靠向这些员工提供良好的提高、成长和发展机会。其中，帮每位员工制订令他们满足的、有针对性的职业发展计划，是其中的一个重要因素。

例如,该公司开发出一种职业发展自我管理的课程,要三个月才能学完。这门课程主要包含两个环节:先是让参加者用各种信度的测试工具及其他手段进行个人特点的自我评估,然后将评估中的发现结合其工作环境,编制出每个人自己的一份职业发展路径图来。

把自我评估当作职业发展规划的第一步,当然并不是新创意,自我帮助的书籍"泛滥成灾"已经多年了,不过这些书本身却缺乏一种成功的要素,那就是在一种群体(小组或班组)环境中所具有的感情支持,在这种环境里大家可以共享激情与干劲,并使之维持长久不衰。

这家公司从哈佛MBA班第二学年的职业发展课里学到六种工具,来取得每人的个人特点资料。这些工具如下。

(1) 一份书面的自我访谈记录。给每位参加者发一份提纲,其中有11个问及他们自己情况的问题,要他们提供有关自己的生活(有关的人物、地点、事件),他们经历过程的转折点以及未来的设想,并让他们在小组中互相讨论。这篇自传摘要载体的文件将成为随后的自我分析所依据的主要材料。

(2) 一套"斯特朗—坎贝尔个人兴趣调查问卷",这份包含有325项问题的问卷填答后,就能据此确定他们对职业、专业领域、交往的人物类型喜恶倾向等,为每人与各种不同职业中成功人物的兴趣进行比较提供数据。

(3) 一份"奥尔波特价值观量表",该量表中列有的相互矛盾的多种价值观,每个参加者需对其做出45种选择,从而测定这些参加者对多种不同的关于理论、经济、美学、社会、政治及宗教价值观接受的相对强度。

(4) 一篇24小时活动日记,参加者要把一个工作日及一个非工作日全天的活动如实无遗漏地记下来,用来对照其他来源所获同类信息是否一致或相反。

(5) 对另两位"重要人物"(只跟他们的关系对自己有较重要意义的人)的访谈记录。每位参加者要对自己的配偶、朋友、亲戚、同事或其他重要人物中的两个人,就自己的情况提出一些问题,看看这些旁观者对自己的看法,这两次访谈过程需要录音。

(6) 生活方式描述。每位参加者都要用文字、照片或他们自己选择的任何其他手段,把自己的生活方式描述一番。

这项活动的关键之处就在于所用的方法是归纳式的而非演绎式的。一开始就让每位参加者列出有关自己的新资料,而不是先从某些一般规律去推导出每人的具体情况。这个过程是从具体到一般,而不是从一般到具体,参加者观察和分析了自己列出的资料,再从中认识到一些一般性规律。他们先得把六种活动所获资料,一种一种地分批研究,分别得出初步结论,再把六种所得资料合为一体,进行分析研究。

每人都做好了自我评估后,部门经理们逐一采访参加过此活动的下级,听他们汇报自己选定的职业发展目标,并记录下来,还要写出目前在他们部门供职的这些人的情况与职位。这些信息便可供高层领导用来制订总体人力资源规划,确定所要求的技能,并拟定一个时间进度表。当公司未来需要的预测结果与每位学习参加者所定职业发展目标对照后相符时,部门经理就可据此帮助他的部下绘制出自己在本公司内发展升迁的路径图,标明每一次升迁前应接受的培训或应增加的经历。每位员工的职业发展目标还得和绩效考核目标与要求结合起来,供将来绩效考评时用。部门经理要监测他的部下在职业发展方面的进展,作为考评内容的一部分,并需负责对他们提供尽可能的帮助和支持。

思考:
(1) 你觉得本案例所介绍的 HP 公司的特点是什么？有什么启发？
(2) 你预计这套方法在保留和激励 HP 的人才方面会不会有效？为什么？
(3) 这套办法可否用到中国企业中？为什么？如果你的单位使用这种方法,应做哪些修改以适应企业实际情况？

绩效管理

一、名词解释

绩效管理　绩效考评　绩效辅导　绩效反馈　关键业绩指标

二、单项选择题

1. （　　）指组织的员工通过努力所达到的工作目标或完成的工作任务,包括工作效率、行为,以及这些行为对组织战略目标实现的影响程度。
   A. 绩效　　　B. 激励　　　C. 技能　　　D. 机会

2. （　　）是对企业人员担当工作的结果或履行职务工作结果的考核与评价。它是对企业员工贡献程度的衡量,是所有工作绩效考核中最本质的考核,直接体现出员工在企业中的价值大小。
   A. 工作行为考核　　　B. 工作业绩考核
   C. 工作能力考核　　　D. 工作态度考核

3. 由同事进行绩效评价的优势是（　　）。
   A. 对下属的表现较为熟悉
   B. 有助于防止个人偏好问题
   C. 对评价的内容较为熟悉
   D. 可以有效地预测出此人将来能否在管理方面成功

4. 下面对于绩效管理过程的描述,正确的是（　　）。
   A. 绩效计划→绩效反馈→绩效实施与管理→绩效评价
   B. 绩效实施与管理→绩效计划→绩效评价→绩效反馈
   C. 绩效计划→绩效实施与管理→绩效反馈→绩效评价
   D. 绩效计划→绩效实施与管理→绩效评价→绩效反馈

三、简答题

1. 绩效的含义及绩效的特点？
2. 分析绩效考评和绩效管理的联系和区别？
3. 简述绩效管理与人力资源管理其他环节的关系。
4. 绩效管理的过程主要包括哪些步骤？
5. 简述绩效考评的含义及内容。

四、案例分析

小王在一家私营公司做基层主管已经有 3 年了,这家公司以前不是很重视绩效考评,但是依靠自己拥有的资源,公司发展得很快。去年,公司从外部引进了一名人力资源总监,至此,公司的绩效考评制度才开始在公司中建立起来,公司中的大多数员工也开始知道了一些有关员工绩效管理的具体要求。

在去年年终考评时,小王的上司要同他谈话,小王很是不安,虽然他对一年来的工作很满意,但是不知道他的上司对此怎么看。小王是一个比较内向的人,除了工作上的问题,他不经常和他的上司交往。在谈话中,上司对小王的表现总体上来讲是肯定的,同时,指出了他在工作中需要改善的地方,小王也同意此看法,他知道自己有一些缺点。整个谈话过程是令人愉快的,离开上司办公室时小王感觉不错。但是,当小王拿到上司给他的年终考评书面报告时,小王感到非常震惊,并且难以置信,书面报告中写了他很多问题、缺点等负面的信息,而他的成绩、优点等只有一点点。小王觉得这样的结果好像有点"不可理喻"。小王从公司公布的"绩效考评规则"上知道,书面考评报告是要长期存档的,这对小王今后在公司的工作影响很大。小王感到很是不安和苦恼。

思考:

(1) 绩效面谈在绩效管理中有什么样的作用?人力资源部门应该围绕绩效面谈做哪些方面的工作?

(2) 经过绩效面谈后小王感到不安和苦恼,导致这样的结果其原因何在?怎样做才能避免这问题的产生?

薪酬管理

一、名词解释

薪酬　薪酬管理　激励薪酬　间接薪酬　薪酬体系规划　福利

二、单项选择题

1. 下列( )不属于工资总额。
   A. 计时工资　　　　　　　　B. 计件工资
   C. 劳动保护的各种支出　　　D. 加班加点工资
2. 薪酬水平的制订要考虑组织的承受能力,这体现的是薪酬的( )。
   A. 公平性　　B. 竞争性　　C. 激励性　　D. 经济性
3. 下列不属于国家法定福利的是( )。
   A. 公休假日　B. 带薪休假　C. 心理咨询　D. 法定休假日
4. 下列( )是薪酬制订的内部制约因素。
   A. 劳动力市场的供需关系与竞争状况
   B. 本单位的业务性质与内容
   C. 地区及行业的特点与惯例
   D. 当地生活水平

三、简答题

1. 报酬和薪酬有什么区别和联系?
2. 薪酬管理的含义是什么?有什么意义?需要遵循什么原则?

3. 简述薪酬管理应当遵循的原则及其主要影响因素。
4. 简述几种主要的薪酬管理理论。
5. 薪酬体系的构成及影响因素有哪些?

四、案例分析

A 公司的员工薪酬

A 公司的员工薪酬与其职务高低成正比。年龄、工龄、学历等因素也有一定的影响,但不起主要作用。对于同一职务,如果由不同学历的人担任,他们之间薪酬的差别可能仅仅在几百元之间。部分员工有股份。另外,A 公司在计算员工的工龄时,把他在来公司之前的工作经历也算在内。

A 公司员工的薪酬一般由四部分组成:基本工资、奖金、补贴和福利。奖金分为两类:一般人员奖金和销售人员奖金。有一些关键人员还会得到一定的期权、股权,期权、股权的受益者一般为"对公司起关键性作用的人员",而不一定是高职务者。工资围着市场转,奖金与业务目标"接轨"。在 A 公司,公司业绩与员工工资没有特别的关系,但与员工的奖金有很大关系。员工的奖金与公司的业绩成一定比例,但并非成正比例。奖金一般可达到员工工资的 60%,对于成绩显著的员工,还有其他补偿办法。员工在 A 公司得到提薪的机会一般有几个:职务提升、考核优秀或有突出贡献。被评为公司最佳员工者和有突出贡献的员工都有相应的奖金作为激励,突出贡献奖、最佳员工奖、突出改进奖的奖金额度一般不超过其年薪的 20%。

A 公司对每个职务的薪酬都设立一个最低标准,即下限。当然,规定下限并非为了限制上限,而是保证该职务在市场上的竞争力。据介绍,一般职务上下限的差异为 80%,比较特殊的职务可能会达到 100%,而比较容易招聘的职务可能只有 40% 的差异。

思考:
(1) 你认为 A 公司业绩与工资无多大关系,只与奖金有关联的做法正确吗?
(2) 你认为 A 公司设立每个职务薪金的下限的做法是否有创意?

员工激励

一、名词解释

激励 内滋激励 权利需要

二、单项选择题

1. 三种基本的激励特征不包括(   )。
   A. 努力程度   B. 持久程度   C. 方向性   D. 坚持程度
2. 按激励的内容可以分为(   )。
   A. 物质激励和精神激励   B. 正激励和负激励
   C. 内滋激励和外附激励   D. 短效激励和长效激励
3. 内容型激励理论不包括(   )。
   A. 马斯洛的需要层次理论   B. 赫茨伯格的双因素理论
   C. 奥尔德弗的生存、关系和成长理论 D. 挫折理论

三、简答题

1. 如何理解需要层次理论？
2. 双因素理论的内涵是什么？
3. 如何正确运用正强化、负强化？
4. 为什么说奖励和惩罚的目的是相同的？

四、案例分析

A 公司的轮岗制度

员工轮岗制度是 A 公司营销总部实行的特殊政策。当初，曾文祺引入轮岗制度也是不得已而为之。在 20 世纪 90 年代，A 公司员工很少，每人不得不做多面手。在 A 公司营销总部运作进入正轨后，曾文祺不改初衷，一直坚持实行员工轮岗制度。在曾文祺看来，今天的他之所以能统领全局，其中一个重要原因是他曾经在不同的岗位上历练过：做过普通职员，担任过全球产品营销经理，独立创建过营销机构。丰富的职业经历令他积累了丰富的人生经验与管理技巧。在曾文祺眼中，每次岗位转换都是一次生动的体验。他希望，他的员工都像他一样，有机会经历多种岗位以获得经验，进而领导他人。同所有的制度创新一样，轮岗制度在明基的施行也不是一帆风顺的。员工在轮岗中，会因为不适应造成诸如内耗、丢失客户或效率低下等弊端。轮岗的这些"副产品"并没有动摇曾文祺的决心。在轮岗中，曾文祺要视员工的能力、兴趣、价值观，顺势而行。但每次轮岗，员工势必要面对高低不同的职位，所去的区域也要有重要与非重要之别，因此员工很自然地将岗位轮换视为某种"升降"的暗示。曾文祺从不否认轮岗背后蕴涵的这种暗示，但他更强调，轮岗背后蕴涵的另一层含义——一个人不仅要有底层的业务经历，也应有居于高位的统筹能力，还要有能上能下的心理素质，这样方能成大器。过去在轮岗前，管理者必须耐心地与员工谈心，帮其剖析其中益处，而现在，曾文祺的办公桌案头堆满了一摞摞的员工轮岗申请信。

思考

（1）如果你是曾文祺，你如何处理案头一摞摞的员工轮岗申请信？说说你的理由。

（2）A 公司的员工轮岗制度能否带来激励作用，你认为管理层会在激励活动方面做出一些调整吗？请具体说明。

参 考 文 献

[1] 雷婷,胡玲.人力资源管理综合实训[M].北京:经济管理出版社,2020.
[2] 苗仁涛.经济新常态下高绩效人力资源管理系统重构、转化与机制[M].北京:经济管理出版社,2020.
[3] 周三多,贾良定.管理学:原理与方法(第七版)习题与案例指南[M].上海:复旦大学出版社,2019.
[4] 黄建春,罗正业.人力资源管理概论[M].重庆:重庆大学出版社,2020.
[5] 赵曙明.人力资源管理总论[M].南京:南京大学出版社,2021.
[6] 唐贵瑶,陈志军.集团公司人力资源管理[M].北京:中国人民大学出版社,2021.
[7] 周文霞,王桢,于坤,等.中国人力资源职业发展状况调查报告[M].北京:中国人民大学出版社,2020.